KARL LOEWENSTEIN

Über Wesen, Technik und Grenzen der Verfassungsänderung

SCHRIFTENREIHE
DER JURISTISCHEN GESELLSCHAFT e.V.
BERLIN

Heft 6

Berlin 1961

WALTER DE GRUYTER & CO.

vormals G. J. Göschen'sche Verlagshandlung · J. Guttentag, Verlagsbuchhandlung
Georg Reimer · Karl J. Trübner · Veit & Comp.

Über Wesen, Technik und Grenzen der Verfassungsänderung

Von

Dr. Karl Loewenstein

Professor der Rechts- und Staatslehre am Amherst College. Amherst, Mass.
— emeritierter o. Professor für Politische Wissenschaft
an der Universität München —

Vortrag
gehalten vor der
Berliner Juristischen Gesellschaft
am 30. Juni 1960

Berlin 1961

WALTER DE GRUYTER & CO.

vorm. G. J. Göschen'sche Verlagshandlung · J. Guttentag, Verlagsbuchhandlung
Georg Reimer · Karl J. Trübner · Veit & Comp.

Archiv-Nr. 27 27 61/6

Satz und Druck: Berliner Buchdruckerei Union G. m. b. H., Berlin SW 61

Vorbemerkung

Die hiermit vorgelegte Ausarbeitung des am 30. Juni 1960 in der Juristischen Gesellschaft in Berlin gehaltenen Vortrages schließt sich eng den mündlich unterbreiteten Gedankengängen an und gibt vielfach die damaligen Formulierungen wieder, hat die ersteren aber nicht unerheblich erweitert und die letzteren gelegentlich schärfer gefaßt. Das in den Anmerkungen angeführte ausgewählte Schrifttum mag nicht unwillkommen sein. Der Verfasser möchte auch an dieser Stelle dem Vorstand der Juristischen Gesellschaft und dem Verlag seine Erkenntlichkeit dafür zum Ausdruck bringen, daß es ihm ermöglicht wird, diesen Beitrag zu einem Thema von allgemeiner Bedeutung einer weiteren Öffentlichkeit zugänglich zu machen.

Amherst, Mass., 17. März 1961

Karl Loewenstein

I. Verfassungsstaat und „geschriebene" Verfassung

Wer es unternimmt, im Rahmen einer kurzen Vortragsstunde ein so weitschichtiges Thema wie die Verfassungsänderung unter dem allgemeinen, nicht auf eine bestimmte Verfassung abgestellten Gesichtswinkel der vergleichenden Verfassungspolitik zu behandeln, ist sich bewußt, daß er nur Anregungen, aber keine systematische Darstellung bieten kann. Diesen mag aber ein gewisser Nutzwert zukommen. Einmal hat der Vortragende vor genau dreißig Jahren eine monographische Darstellung der Verfassungsänderungsprobleme unter Weimar vorgelegt und seither den Gegenstand nicht aus seinem Interessenkreis schwinden lassen[1]), zum anderen aber versucht er ihm nicht etwa nur als Verfassungsjurist, sondern vielmehr mit den Einstellungen der politischen Wissenschaft gerecht zu werden. Der Versuch mag sich auch um dessentwillen lohnen, als die Problematik der Verfassungsänderung eine bei der sonstigen Durchackerung des öffentlichen Rechts erstaunliche wissenschaftliche Vernachlässigung erfahren hat[2]).

---

[1]) Karl Loewenstein, Erscheinungsformen der Verfassungsänderung, Tübingen 1931 (nachfolgend zitiert: Loewenstein I), derselbe, Verfassungslehre, Tübingen 1959 (nachfolgend zitiert: Loewenstein II), derselbe, Verfassungsrecht und Verfassungspraxis der Vereinigten Staaten, Berlin-Göttingen-Heidelberg 1959 (nachfolgend zitiert: Loewenstein III).

[2]) Die damals erste zusammenfassende Darstellung von Charles Borgeaud, Etablissement et Révision des Constitutions en Europe et en Amérique, Genf 1895 hat überraschenderweise in mehr als einem halben Jahrhundert keine Nachfolge gefunden. Von Bedeutung auch heute noch Georg Jellinek, Allgemeine Staatslehre, 3. Auflage Berlin 1922, S. 519 ff. und derselbe, Verfassungsänderung und Verfassungswandlung, Berlin 1906. Die noch immer unübertroffene Behandlung hier einschlägiger Fragen findet sich in Joseph-Barthélémy & Paul Duez, Traité du Droit Constitutionnel, Paris 1933, S. 188 ff. Von neueren Behandlungen seien erwähnt: K. C. Wheare, Modern Constitutions, London-Toronto-New York 1951; William S. Livingston, Federalism and Constitutional Change, Oxford 1956; auf die deutschen Verhältnisse wird in beiden Werken nur am Rande eingegangen. Von neueren Lehrbüchern siehe Maurice Duverger, Institutions Politiques et Droit Constitutionnel, 5. Aufl. Paris 1960, S. 221 und passim; Julien Laferrière, Manuel de Droit Constitutionnel, 2. Aufl., Paris 1947, S. 265 ff. Rechtsvergleichendes Material zu den hier behandelten Problemen findet sich auch

Um zunächst unser Problem in einen weiteren Rahmen zu stellen: Der heutige Staat ist grundsätzlich Verfassungsstaat. Die überwältigende Mehrheit aller Staaten der Gegenwart hat eine „geschriebene", das heißt eine in einer einheitlichen Urkunde „artikulierte" Verfassung[3]). Nur dann, wenn sich der politische Prozeß den Normen einer geschriebenen Verfassung unterwirft, gilt er als rechtsstaatlich. Unter „politischem Prozeß" werden die Techniken verstanden, mit denen in einem konkreten Staat die politische Macht oder, was allerdings nicht notwendigerweise damit gleichzusetzen ist, die legale Herrschaft erlangt, ausgeübt und verloren wird[4]). Eine politische Gemeinschaft hat als rechtsstaatlich zu gelten, wenn die von der Verfassung für den Ablauf des politischen Prozesses aufgestellten Normen sowohl die Staatsorgane als Machtträger als auch die Bürger als Machtadressaten gleicherweise und gleichermaßen verpflichten und binden.

Formelle und materielle Verfassung

Die Aufstellung von in einer geschriebenen oder „formellen" Verfassung niedergelegten Verhaltensweisen für den Ablauf des politischen Prozesses ist eine verhältnismäßig neue Erscheinung. Eine Verfassung im materiellen Sinn, welche die Grundsätze des staatlichen Zusammenlebens enthält — das, was bei Aristoteles als die politeia gilt[5]) —, besitzt jedes Staatswesen, in welchem sich die Bildung des Staatswillens und die Abgrenzung der Regierungprärogativen von den Bürgerrechten nach bestimmten allgemein als gültig anerkannten Regeln abspielen, mögen diese auf bloßer Gewohnheit oder auf formalisierten Autori-

---

in dem monumentalen Werk (bisher sieben Bände) des argentinischen Gelehrten V. Segundo Linares Quintana, Tratado de la Sciencia del Derecho Constitucional Argentino y Comparado, Bd. II, Buenos Aires 1953, besonders S. 94 ff., 116 ff., 143 ff., 164 ff.
Das gemeinsam von Instituten der Universitäten Hamburg, Kiel und Göttingen herausgegebene Verfassungsregister, bisher drei Teile (Deutschland, Europa, Amerika umfassend), Frankfurt/Main 1954—58, an sich ein sehr verdienstvolles Unternehmen, ist leider nicht bis zu den Erscheinungsjahren durchgeführt und nicht frei von Lücken.
[3]) Über die Verfassung im allgemeinen siehe Loewenstein II, S. 127 ff.
[4]) Dies ist ein Grundthema meiner Verfassungslehre, siehe Loewenstein II, Kapitel I, S. 2 ff. und Kapitel II, S. 23 ff.
[5]) Vor allem Politik, 1279 a—1280 a; siehe auch Hermann Rehm, Geschichte der Staatsrechtswissenschaft, Freiburg-Leipzig 1896, S. 104 ff.

8

tätsakten, den Gesetzen, beruhen. Beispielsweise hatte die römische Republik, die mit ihrem fünfhundertjährigen Bestand eine der bemerkenswertesten Staatsgestaltungen aller Zeiten darstellt, eine sowohl auf Konventionalregeln wie auf Gesetzen beruhende konkrete oder „materielle" Verfassung, welche die Rechtsstaatlichkeit und Berechenbarkeit des politischen Prozesses voll gewährleistete, aber keine Verfassung, die „geschrieben" gewesen wäre, eine Versteifung ihrer staatlichen Dynamik, die den Römern unvorstellbar gewesen wäre. Heute dagegen fehlt die formalisierte Verfassung nur mehr in ganz wenigen Staaten, von denen England der wichtigste ist. Es sind zwar dort im Laufe der letzten Jahrhunderte, angefangen mit der *Bill of Rights* von 1689 bis zum jüngsten *House of Commons Disqualification Act* von 1957, viele Regeln des staatlichen Betriebes in Gesetzesform festgelegt worden; was aber die Essenz der britischen Regierungsform ausmacht, das parlamentarische Kabinettsystem[6]), vollzieht sich auch heute noch nach Maßgabe elastischer Konventionalregeln, das sind als gültig anerkannte Verhaltensweisen der Staatsorgane, die zusammen mit den in den Gesetzen niedergelegten Bestimmungen die materielle Verfassung Großbritanniens ausmachen[7]).

Zur Geschichte der geschriebenen Verfassung

Die Praxis der geschriebenen Verfassung entstammt dem religiös orientierten politischen Denken der Engländer im 17. Jahrhundert[8]), wo sie in den amerikanischen Kolonien in den *Fundamental Orders of Connecticut* (1639) erstmals verwirklicht, in England selbst im *Agreement of the People* (1649) vorgeformt und sodann im *Instrument of Government* (1653) von Oliver Cromwell, wenn auch ganz vorübergehend, zu einer echten Verfassung führte. Seit den amerikanischen und französischen Revolutionen des ausgehenden 18. Jahrhunderts aber ist die geschriebene Verfassung zur Ordnung des Gemeinschaftslebens unentbehrlich geworden. Sie gilt, neben ihrer praktischen Bedeutung als der Rahmen des

---

[6]) Loewenstein II, S. 103 ff.

[7]) Siehe unten S. 15 f.

[8]) Vgl. die auch heute noch lesenswerte Schrift von Walther Rothschild, Der Gedanke der geschriebenen Verfassung in der englischen Revolution, Tübingen und Leipzig 1903 und das magistrale Werk von Egon Zweig, Die Lehre vom Pouvoir Constituant, Tübingen 1909, S. 29 ff.

rechtsstaatlich geordneten politischen Prozesses, als Symbol der Staatswerdung einer Nation. In der geschriebenen Verfassung wird die Nation sich ihrer selbst bewußt und sie wird von ihr und der übrigen Welt als das Geburtszeugnis der nationalen Selbstbestimmung bewertet. In dieser Zeit des Aufkommens der geschriebenen Verfassung ist das Verfahren der Verfassungsschaffung als solches ebenso wie ihr Erzeugnis, die Verfassung selbst, mit einer gewissen Magie und Mystik umgeben, die vom Rationalismus der Aufklärungszeit seltsam abstechen. Eigentlich nur die amerikanische Bundesverfassung hat sich seither diesen magisch-symbolischen Charakter erhalten können. Was in der Zeit ihrer „Erfindung" den entscheidenden teleologischen Wesenskern der geschriebenen Verfassung ausmachte, war die in ihrer bloßen Existenz liegende Gewährleistung der Bürgerfreiheit: Sie unterwarf die Herrschaftsausübung der eingesetzten Machtträger durch deren Bindung an die Verfassungsnormen einer immanenten Beschränkung, die sich kontrastartig von der Staatsmystik der angeblich gottgewollten Obrigkeit des absolutistischen Staats abhob.

Die französische Revolution muß als eine der politischen Wasserscheiden des westlichen Menschen angesehen werden. In ihrem Nachgang ergoß sich ein wahrer Strom geschriebener Verfassungen erst über Europa, dann über die Welt. Das 19. Jahrhundert aber, dem die Ordnung des Gemeinschaftslebens durch eine geschriebene Verfassung zur Selbstverständlichkeit geworden war, stand ihr weit nüchterner gegenüber. Je universeller die Technik der geschriebenen Verfassung wurde, desto mehr verlor diese ihren magischen Nimbus und verwandelte sich in ein utilitäres Instrument des Staatsbetriebes. Von nun an war sie nichts anderes als die Kundbarmachung der Spielregeln für den Normalablauf des politischen Prozesses, immer noch, selbst in den autoritär gebliebenen Staaten, ein wesentlicher Beitrag zur Bürgerfreiheit, aber im großen ganzen nicht viel mehr als die Satzung eines Vereins, so völlig magie-entkleidet, daß die emotionelle Wirkung auf die Machtadressaten, die einst ihre Geburt begleitet hatte, verloren gehen mußte. Die Bismarck'sche Reichsverfassung beispielsweise, ein Instrument von unbestreitbarer politischer Zweckmäßigkeit, besaß beim deutschen Bürgertum den Gemütswert etwa eines Adreßbuches.

Heutzutage aber, wo unter dem Einfluß der jüngsten Sturzflut des Nationalismus die neuen Staaten aus den Ruinen der abgebauten Kolonialreiche wie Pilze nach dem Regen sprießen, hat die geschriebene Verfassung einen Teil ihres verloren gegangenen Symbolwertes wiedererlangt. Sie versinnbildlicht die Nationwerdung, die Selbstgestaltung und die Souveränität einer zum Staat aufgestiegenen Nation. So sehr hat sich, dank der westlichen Schulung ihrer Führer, die Notwendigkeit einer Verfassung auch bei den primitiven Völkern Asiens und Afrikas eingewurzelt, daß ein Staat ohne Verfassung überhaupt nicht als echter Staat gilt. Verfassungen sind geradezu zu einem Markenartikel geworden, was auch ihre Stereotypizität und, fast wäre man geneigt zu sagen, ihre Auswechselbarkeit erklärt.

Im Zug dieser Entwicklung zeigt sich ein merkwürdiges Phänomen, das allerdings nicht völlig neu ist, da es bereits beim ersten Napoleon aufgetreten ist, als die Technik der geschriebenen Verfassung sich noch ihrer Jugendblüte erfreute. Das Prestige der geschriebenen Verfassung ist derart, daß selbst autoritäre und totalitäre Regime — die beiden Begriffe sind nicht völlig identisch[9]), können aber hier unter der gemeinsamen Flagge der Diktaturen segeln — die Blöße der nackten Machtausübung durch eine geschriebene Verfassung zu verdecken bestrebt sind. Ihre bloße Existenz dient dazu, den Machtunterworfenen wie der Welt im allgemeinen Sand in die Augen zu streuen und dem Regime damit Respektabilität zu verschaffen, daß es als Verfassungsstaat eingekleidet ist.

II. Das Telos der Verfassung

Welches ist nun das Wesen, das Telos, einer geschriebenen Verfassung?[10]) Zum ersten kommt ihr die Ordnungsfunktion zu, indem sie die Spielregeln festlegt, nach denen sich der politische Prozeß — und das ist nichts anderes als der Kampf um die politische Macht im Staat — vollzieht und der verbindliche Staatswillen gebildet wird. Zum anderen aber bewirkt sie dadurch, daß sie Normen für die Aufteilung der Staatsfunktionen unter personalmäßig verschiedene Machtträger aufstellt — die berühmte Technik

---

[9]) Siehe Loewenstein II, S. 52 ff.
[10]) ebenda, S. 127 ff.

der Gewaltenteilung und Gewaltentrennung —, den Schutz der Freiheit der Machtadressaten oder Staatsbürger. Die geteilte Machtausübung ist notwendigerweise immer eine beschränkte, da nach der Mechanik des politischen Prozesses sich die eingesetzten Machtträger durch die Techniken der Interorgan- und Intraorgan-Kontrollen gegenseitig kontrollieren, hemmen und beschränken. Eine Verfassung, die alle Gewalten oder Staatsfunktionen in einem einzelnen Staatsorgan vereinigt, wäre keine echte Verfassung. Bei den sogenannten Diktaturregimen ist die jeder Verfassung immanente Funktion einer Beschränkung der Herrschaftsgewalt auf ein Minimum reduziert und damit ihres Wertes, eine Freiheitsgarantie für die Machtunterworfenen zu sein, weitgehend entleert. Jede echte Verfassung ist daher im Grunde freiheitsfördernd oder „liberal", ohne dabei unter allen Umständen auch demokratisch zu sein. Für eine Demokratie ist zwar der Verfassungsstaat die unerläßliche Voraussetzung; aber nicht jeder Verfassungsstaat braucht gleichzeitig sich der demokratischen Gestaltung des Gemeinschaftslebens zu verschreiben. Allerdings genießt in unserer Zeit die demokratische Ideologie ein solches Ansehen, daß keine Verfassung es sich erlauben kann, ihr zumindest in ihrer Verbalerscheinung den Lippendienst zu verweigern. Jede echte Verfassung muß sich daher ein liberales Programm zulegen, das vor allem in den Grund- und Freiheitsrechten der Bürger seinen Ausdruck findet, die ihnen eine staatsinterventionsfreie Sphäre der Selbstbestimmung einräumen und garantieren.

Nachdem sich aber die Technik der geschriebenen Verfassung in unserer Zeit so universell eingelebt hat, daß sich auch die Verfassungen der autoritären Regime formell zum demokratischen Verfassungsstaat bekennen, auch wenn sie bewußt antiliberalen und antidemokratischen Ideologien nachfolgen, hat die geschriebene Verfassung weitgehend ihr Telos als Freiheitsgarantie eingebüßt und wird zur bloßen Fassade der autoritären Machtausübung. Es tritt eine Spannungslage zwischen Verfassungsnormen und Verfassungswirklichkeit ein, die den Staatssoziologen, der gewohnt ist, die Verfssungsnormen nicht für bare Münze zu nehmen, vor ein schweres Dilemma stellt. Er sieht sich gezwungen, die in der Allgemeinen Staatslehre herkömmlichen Einteilungen der Verfassungen als veraltet aufzugeben und sie durch eine wirk-

lichkeitsgerechtere „ontologische" zu ersetzen, welche die normative von der nominalistischen und sie beide von der semantischen
Verfassung unterscheidet[11]). Bei der normativen Verfassung deckt
sich die Verfassungswirklichkeit mit den Verfassungsnormen; Regierung, Parlament, Gerichte leben ihnen nach und sind durch
sie gebunden. Nominalistisch ist eine Verfassung dann, wenn ihre
Normen, etwa wegen unterentwickelter Sozialverhältnisse, mangelnder politischer Schulung und Volksbeteiligung oder aus anderen soziologischen Gründen nur als zielsetzendes Leitbild bezeichnet werden, dem die Staatsdynamik einstweilen nicht voll
gerecht werden kann. Eine Verfassung schließlich muß als semantisch bezeichnet werden, wenn die geltenden Verfassungsnormen
lediglich dazu dienen, die bestehende Machtposition der augenblicklichen Machthaber zu legalisieren, ohne den nicht-offiziellen
Sozialkräften die Möglichkeit einer freien Beteiligung am politischen Prozeß zu gewähren.

Die Verfassung als Kompromiß

Wenden wir uns der Verfassung im liberal-demokratischen
pluralistischen Staat zu, so zeigt sich, daß jede, auch die beste
Verfassung — das heißt, die vom größten Konsensus getragene und
am sorgfältigsten ausgearbeitete Verfassung — nur ein Kompromiß
ist und nichts anderes sein kann. Sie stellt die zeitweilige Gleichgewichtslage zwischen den an ihrer Entstehung beteiligten Sozialkräften dar, wie sie durch die politischen Parteien jeweils „repräsentiert" sind. Die bei der Verfassunggebung mitwirkenden
Pluralgruppen bemühen sich, durch gegenseitige Angleichung ihrer
Interessen einen ihnen allen annehmbaren Ausgleich herbeizuführen, der die möglichste Annäherung an die Kongruenz von
wirklicher und legaler Verfassung darstellt, wie es Lasalle in seiner
berühmten Rede von 1862 über Verfassungswesen formuliert
hat[12]), oder, wie man auch sagen könnte, der eine Übereinstimmung der Sozial- mit der Legalstruktur bedeutet. Man muß sich
aber bewußt sein, daß diese Idealidentität niemals erreicht werden
kann. Eine „ideale" Verfassung hat es niemals gegeben noch wird

---

[11]) ebenda, S. 152 ff.
[12]) Gesammelte Reden und Schriften, herausgegeben von Eduard Bernstein, Berlin 1919, S. 25 ff.

es sie jemals geben. Nicht nur, daß eine Verfassung niemals der ständig wechselnden inneren Spannungslage der politischen Kräfte und pluralistischen Interessen völlig gerecht werden kann; es gibt auch keinen „Idealtyp" einer Verfassung, der auf alle Staaten gleichmäßig passen würde. Die verschiedenen Nationen befinden sich im Zeitpunkt ihrer jeweiligen Verfassungsgebung auf zu verschiedenen Entwicklungsstufen und ihre völkischen Individualitäten sind zu differenziert, als daß es ein allgemein verwendbares Verfassungsmodell geben könnte. Aus dieser Mannigfaltigkeit ergibt sich die methodische Schwierigkeit einer allgemeinen Verfassungsrechtslehre, aber auch ihr unerschöpflicher Reiz.

III. Die Verfassungswandlung

Rein theoretisch gesehen — und damit treten wir in das eigentliche Thema ein — wäre eine Idealverfassung auch diejenige Normengestaltung des politischen Prozesses, bei der alle zukünftigen politischen, sozialen, wirtschaftlichen und kulturellen Entwicklungen der Gemeinschaftswirklichkeit so vorausgesehen werden können, daß eine Änderung der sie gestaltenden Normen nicht erforderlich wäre. Jede Verfassung integriert sozusagen nur den bei ihrer Entstehung vorhandenen *status quo*, sie kann nicht die Zukunft voraussehen. Bestenfalls kann sie, wenn sie klug abgefaßt ist, durch vorsichtig eingesetzte Ausweichstellen oder Ventile künftigen Bedürfnissen von Anfang an Rechnung zu tragen versuchen, wobei aber, bei allzu elastischer Verbalfassung, die Rechtssicherheit leiden könnte. Mit dem inhärenten Kompromißcharakter einer jeden Verfassung muß man sich demnach abfinden. Jede Verfassung ist ein lebendiger Organismus, immer in Bewegung wie das Leben selbst, und er untersteht der Dynamik der lebendigen niemals in verläßlichen Formeln einzufangenden Wirklichkeit. Sie ist niemals mit sich selbst identisch und ständig dem heraklitischen panta rhei alles Lebendigen ausgesetzt.

Solchen unvermeidlichen Anpassungen des Verfassungsrechts an die Verfassungwirklichkeit wird nun auf zweierlei Weisen Rechnung getragen, denen die Allgemeine Staatslehre die Bezeichnungen Verfassungsänderung und Verfassungswandlung[13]) gegeben hat.

---

[13]) Siehe Jellinek, Allgemeine Staatslehre, S. 534; derselbe, Verfassungsänderung und Verfassungswandlung, Berlin 1906.

14

Der Begriff der Verfassungsänderung hat eine formelle und eine substantielle Bedeutung. Formell wird darunter die Technik verstanden, mit der der Wortlaut der Verfassung, so wie er im Zeitpunkt der Vornahme der Änderung besteht, geändert wird. Sie ist immer — oder sie sollte es jedesmal sein — Verfassungstextänderung. In den meisten Verfassungen sind die Vorschriften darüber am Ende der Urkunde enthalten. Die substantielle Verfassungsänderung andererseits ist das Ergebnis des Verfassungsänderungsverfahrens, der Gegenstand, auf den sich dieses bezieht oder bezogen hat. An ihr wirken die von der Verfassung selbst dafür vorgesehenen Machtträger in der vorbestimmten Form mit. Bei der Verfassungswandlung andererseits tritt eine Verschiebung in der Wirklichkeit der politischen Machtlage, der Sozialstruktur oder des Interessenausgleichs ein, ohne daß sie dabei durch Verlautbarung im Wortlaut der Verfassungsurkunde aktualisiert würde; der Verfassungstext bleibt unangetastet. Solche Verfassungswandlungen kommen in allen Staaten mit einer geschriebenen Verfassung vor und sind weit zahlreicher als die formellen Verfassungstextänderungen. Ihre Häufigkeit und Dichtigkeit ist oft derart, daß der geltende Verfassungstext von ihnen überlagert, überwuchert, weitgehend wirklichkeitsentfremdet oder außer Kraft gesetzt ist[14].

Die Konventionalregeln in England

Solchen Verfassungswandlungen ist vor allem dadurch ein weiter Spielraum gewährt, daß in jedem Verfassungsstaat sich neben dem in der Verfassung selbst enthaltenen oder in gewöhnlichen Gesetzen niedergelegten Verfassungsrecht auch ungeschriebenes Verfassungsrecht bildet, das sich vor allem im tatsächlichen Verhalten der Staatsorgane niederschlägt. Wohl das beste Beispiel für solch' textlich nicht beurkundetes Verfassungsrecht sind die Konventio-

---

[14]) Als ein charakteristisches Beispiel aus der Praxis der Deutschen Bundesrepublik mag auf die Umschichtung des im Grundgesetz etablierten Föderalismus hingewiesen werden, die sich fortlaufend dadurch ergeben hat, daß die Mehrheitspartei im Bund vermöge ihrer Parteimehrheiten in einzelnen Länderregierungen die Länderpolitik mit derjenigen des Bundes koordinieren und gleichschalten kann; siehe Arnold J. Heidenheimer, Federalism and the Party System; The Case of West Germany, American Political Science Review, Bd. 52 (1958), S. 791 ff. Die Technik schien sich auch beim jüngsten Streit um das zweite Fernsehprogramm zu bewähren, bis sie vor dem Bundesverfassungsgericht versagte.

nalregeln (*constitutional conventions*) in England[15]), auf deren Grundlage sich dort der politische Prozeß vollzieht. Als Ganzes gesehen stellen sie den Ersatz für eine geschriebene Verfassung dar. Damit fällt die Verfassungsänderung mit der Verfassungswandlung zusammen, indem sich die Konventionalregeln elastisch der geänderten Verfassungswirklichkeit anpassen. Allerdings vollzieht sich hier neuerdings ein bemerkenswerter Abbau, indem in zunehmendem Maß bisherige Konventionalregeln in Gesetzesform (*statutes*) überführt werden[16]).

Konventionalregeln lassen sich nur schwer in einer präzisen Begriffsbestimmung einfangen. Man kommt ihrer Realität wohl am nächsten, wenn man sie als auf tatsächlicher Übung — Präzedentien — beruhenden nud allgemein als verbindlich angesehenen Verhaltensweisen der obersten Staatsorgane anspricht. Sie sind zwar vor den Gerichten nicht erzwingbar, und es kann von ihnen auch jederzeit abgewichen werden; solange sie aber als konstante Übung gelten, sind sie für Machtträger und Machtadressaten verbindlich. Ein Großteil der die Gestaltung des politischen Prozesses entscheidend bestimmnden Aspekte, die andernorts von einer geschriebenen Verfassung in Verfassungsrechtssätze eingekleidet sind, vollzieht sich in England nach solchen Konventionalregeln: Die Umwandlung der monarchischen in die parlamentarische Entscheidungsfällung, die Mediatisierung der Krone durch das Kabinett, infolge derer dem Monarchen jede selbständige politische Macht entzogen ist, die Mitwirkung der beiden Parlamentshäuser an der Gesetzgebung[17]), die Beherrschung der politischen Dynamik durch das Kabinett und des Kabinetts durch den Prime Minister[18]). Ob-

---

[15]) Der Ausdruck geht auf A. V. Dicey, Law of the Constitution, jetzt IX. Aufl. von A. C. S. Wade, London 1939, S. 417 ff. zurück. Siehe darüber auch den derzeit besten Kenner des britischen Verfassungsrechts J. Ivor Jennings, Cabinet Government, 3. Aufl., Cambridge 1959, S. 3 ff.

[16]) Wichtige neueste Beispiele sind die *Representation of People Acts*, die beiden *Parliament Acts* von 1911 und 1949, der *Crown Proceedings Act* von 1947, *Ministers of the Crown Act* von 1937, *House of Commons Disqualification Act* von 1957.

[17]) Hier erwies es sich allerdings als unumgänglich, das auf einer Konventionalregel beruhende absolute Veto der Lordskammer durch gesetzesförmliche Einkleidung in ein nur suspensives umzuwandeln, was in den beiden *Parliament Acts* von 1911 (1 & 2 Geo. 5, c. 13) und 1949 (12 13 & 14 Geo. 6, c. 103) geschehen ist.

[18]) Kabinett und Prime Minister waren vor dem *Ministers of the Crown Act* von 1937 (1 Edw, 8 & 1 Geo. 6, c. 38) außer an zwei beiläufigen Stellen in früheren Gesetzen offiziell überhaupt nicht erwähnt worden.

wohl kein Gesetz ihnen jemals Regierungbefugnisse eingeräumt hatte und den von ihnen getroffenen Entscheidungen rechtlich keine Befehlsgewalt zukommt, finden sie unbedingten Gehorsam. Auf Konventionalregeln beruht die Regierungsbildung durch die bei den allgemeinen Wahlen siegreiche Mehrheitspartei, die Übernahme der Stellung des Prime Ministers durch ihren Führer, seine Befugnis, das Unterhaus aufzulösen und durch die Krone Neuwahlen anberaumen zu lassen, wenn die Mehrheitspartei in einer ihm als vital erscheinenden Frage im Unterhaus geschlagen wird, so daß die Wählerschaft entscheiden kann. Diese elastischen Konventionalregeln sind ebenso verfassungswirklich, als wenn sie in einer Urkunde rechtssatzförmlich festgelegt worden wären. Trotzdem also bei dieser Sachlage von einer eigentlichen Verfassungsänderung keine Rede sein kann, weil nichts greifbar ist, was änderungsfähig wäre, ist das Problem der Verfassungsänderung als Abweichung von bestehenden Konventionalregeln oder von bestehenden politischen Grundentscheidungen auch in England aufgetaucht. Eine viel erörterte Theorie hält dafür, daß solche Umgestaltungen der Konventionalregeln durch ein Volksmandat in den allgemeinen Wahlen (electoral mandate) realplebiszitär autorisiert oder wenigstens nachträglich bestätigt werden sollten[19]). Die Doktrin beruht zwar auf dem gesunden Kern, in einem demokratischen Staat habe das als Wählerschaft organisierte Volk die Grundentscheidungen zu treffen, hat sich aber in der Praxis nicht einwandfrei durchsetzen können — es lassen sich aus der neueren politischen Geschichte Beispiele dafür und dagegen anführen —, so daß eine von einer Regierung mit ihrer Mehrheit vorgenommene Abwandlung einer Konventionalregel nicht deswegen ungültig ist, weil sie nicht von einem Wählermandat gedeckt ist.

Die Verfassungswandlung in den Vereinigten Staaten

Den Vereinigten Staaten wurde von Anfang an die Wohltat einer beurkundeten Verfassung erwiesen, deren einzelne Bestimmungen so glücklich gefaßt waren, insbesondere was die Kompetenzverteilung zwischen Oberstaat und Gliedstaaten anbelangt, daß sie durch gerichtliche Auslegung den sich ändernden sozialen

---

[19]) Siehe Jennings, a.a.O. S. 593 ff.

Verhältnissen angepaßt werden konnten. Aber auch dort ist das gesatzte Verfassungsrecht im Laufe der Generationen derart von ungeschriebenem Verfassungsbrauch überlagert worden, daß die Verfassungsväter von 1787 in der Tat die größte Mühe hätten, ihre Schöpfung wiederzuerkennen. Das sind altbekannte Dinge. In erster Linie wäre hier auf das richterliche Prüfungsrecht hinzuweisen, das zum Eckpfeiler der amerikanischen Demokratie geworden ist. Obwohl keine ausdrückliche Kompetenzzuweisung in der Verfassung selbst die Bundesgerichte ermächtigt, ein vom Kongreß erlassenes Gesetz, weil im Widerspruch mit der Verfassung stehend, für unanwendbar und daher für verfassungswidrig zu erklären, hat sich die richterliche Prüfungszuständigkeit seit der Großtat des Chief Justice John Marshall zu Beginn des 19. Jahrhundert[20]) derart als ungeschriebene Verfassungsnorm eingewurzelt, daß heute ihre Abschaffung nur durch eine ausdrückliche Verfassungstextänderung möglich wäre, und selbst das ist im Hinblick auf die *supreme law of the land*-Klausel im V. Artikel der Verfassung zweifelhaft. Eine andere Konventionalregel bestand darin, daß kein Präsident sein Amt mehr als zwei Termine innehaben solle, ein Verbot, das, nachdem Franklin D. Roosevelt zum drittenmal gewählt worden war (1940), mit dem XXII. Zusatzartikel zur Verfassung *(amendment)* in der Form einer als Verfassungsänderung ergangenen Verfassungsergänzung verfassungsrechtssatzkräftig gemacht wurde (1951). Ein weiteres einschlägiges Beispiel für die Überlagerung des Verfassungswortlauts durch die Verfassungspraxis, worin das Wesen der Verfassungswandlung liegt, ist die Handhabung des präsidentiellen Vetorechts gegen Kongreßgesetze[21]). Nach seinem ursprünglichen Sinngehalt sollte das Veto dem Präsidenten lediglich dazu dienen, ein Kongreßgesetz zu verhindern, das nach seiner Ansicht technisch fehlerhaft oder sachlich unvollziehbar war. Mehr als ein Jahrhundert erhielt es sich in diesem beschränkten Umfang, um sich dann dahin zu entwickeln, daß es dem Präsidenten die Möglichkeit gibt, gegen ein ihm aus politischen Gründen unwillkommenes Gesetz Einspruch zu erheben. Damit ist der Präsident entgegen den die Verfassung beherrschenden Grundsatz der Gewaltentrennung zu dem dem Kongreß gleichrangigen Partner im Gesetzgebungsverfahren auf-

[20]) Marbury v. Madison (1 Cr. 127, 1803); vgl. Loewenstein III, S. 321 ff.
[21]) ebenda, S. 273 ff.

18

gestiegen. Das Veto ist zur stärksten Waffe der Präsidialmacht geworden, falls der Kongreß nicht in der Lage ist, es mit den verfassungsrechtlich vorgeschriebenen Zweidrittelmehrheiten auszuschalten. Ein weiteres charakteristisches Beispiel wäre die Aushöhlung des verfassungsrechtlich ausgestalteten Föderalismu durch die Bundeszuschüsse an die Staaten, wodurch diese oft zu wahren Kostgängern des Bundes geworden sind und sich auf den durch Bundeszuschüsse finanzierten Gebieten den Weisungen und der Beaufsichtigung durch den Bund fügen müssen[22]). Alle diese tief in die Verfassungsdynamik eingreifenden Verfassungswandlungen sind ohne formelle Verfassungsänderung erfolgt.

Verfassungswandlung in Frankreich

In diesem Zusammenhang mag auf die merkwürdige Erscheinung hingewiesen werden, daß ein Verfassungsbrauch sich nicht nur ohne einen gültigen Verfassungsrechtssatz verwirklichen kann, sondern daß er sogar einen solchen neutralisieren oder völlig außer Kraft setzen kann. Ein einschlägiges Beispiel, das in seiner Bedeutung für die politische Entwicklung Frankreichs kaum überschätzt werden kann, ist die Verkümmerung der präsidialen Auflösungsbefugnis gegenüber dem Parlament (Verfassungsgesetz vom 25. Februar 1875, Artikel 5). Von diesem Recht wurde unter der Dritten Republik nur ein einziges Mal staatsstreichartig Gebrauch gemacht — der berühmte *Seize Mai* von 1877 des Präsidenten Mac-Mahon. Der völlige Mißerfolg — Wahl einer der Regierung noch feindlicheren Kammermehrheit — führte zur vollständigen Atrophie des Auflösungsrechts unter der Dritten Republik, mit den bekannten politischen Folgeerscheinungen der Parlamentsuprematie und der häufigen Kabinettswechsel[23]).

Einen weiteren Beleg dafür, wie der Verfassungsbrauch einen ausdrücklichen Verfassungsrechtssatz schachmatt setzen kann, bietet

---

[22]) ebenda, S. 116 ff.
[23]) Die *desuetudo* der präsidentiellen Auflösungsbefugnis hat sich auch in der vierten Republik trotz der verfassungsmäßigen Erleichterung ihrer Ausübung fortgesetzt. Der einzige Versuch des Kabinetts Edgar Faure (2. Dezember 1951) erwies sich als politischer Fehlschlag; siehe Duverger, a.a.O. S. 452/53, 491/92. Das dem Präsidenten in der Verfassung der Fünften Republik eingeräumte unbeschränkte Auflösungsrecht, das nicht einmal der ministeriellen Gegenzeichnung bedarf, ist zur potentiell schärfsten Waffe de Gaulle's gegen das Parlament geworden.

die französische Praxis der Ermächtigungsgesetze, durch welche die
Regierung in die Lage gesetzt wird, im Rahmen der ihr vom Parlament erteilten Vollmachten (pleins pouvoirs) die Gesetzgebung
in Gestalt von Regierungsverordnungen mit Gesetzeskraft
(décrets-lois) auszuüben. In den letzten Jahrzehnten der Dritten
Republik hatte diese Einrichtung, die an sich keineswegs verfassungswidrig war, die normale Gesetzgebungsfunktion des
Parlaments in solchem Umfang ausgehöhlt, daß die Verfassung
der Vierten Republik (Artikel 13, Satz 2) die Delegation der Gesetzgebung ausdrücklich verbot. Trotzdem sind unter dem Zwang
der Verhältnisse die Ermächtigungsgesetze wieder aufgetaucht und
fanden sogar in ihrer neuen Gestalt als nicht verfassungswidrig
die ausdrückliche Billigung des Conseil d'Etat[24]).

Ein einschlägiger Beitrag zur Rolle der Verfassungswandlung
unter der Weimarer Verfassung, deren Einhaltung bekanntlich
nicht unter richterlicher Kontrolle stand, wäre hier, was die Verfassungspraxis aus dem Artikel 48 gemacht hat. Ursprünglich nur
als Ausübung einer erweiterten Polizeigewalt zur Abstellung von
Störungen der öffentlichen Sicherheit und Ordnung gedacht, wurde
er alsbald Grundlage der verfassungsmäßigen Diktatur und damit
in der Hand verfassungs-indifferenter Machtträger zum Sturmbock
gegen die Weimarer Demokratie[25]).

[24]) Dies wurde mit Hilfe von zwei Rechtskonstruktionen erreicht, nämlich
dem loi-cadre, bei dem das Parlament nur den Rahmen der Gesetz-
gebungspolitik festlegt, seine Ausfüllung aber den Regierungsverordnungen
überläßt und durch die ingeniöse Unterscheidung derjenigen Materien, die
ihrer sachlichen Natur nach der Regelung auf dem Verordnungsweg zugänglich sind, von denjenigen, die eines formellen Parlamentsgesetzes bedürfen,
und es ist das Parlament selbst als die oberste Gesetzgebungsinstanz, welches
in dem „délégalisation" geheißenen Verfahren die Abgrenzung vornimmt.
Die Unterscheidung wurde vom Conseil d'Etat mit avis vom 3. Februar 1953
gutgeheißen (abgedruckt auch in der Revue de Droit Public, 1953 S. 170/71).
Zur Frage der décrets-lois, der pleins pouvoirs und der lois-cadres siehe
Duverger a.a.O. S. 488 ff.

[25]) Siehe Gerhard Anschütz, Die Verfassung des Deutschen Reichs vom
11. August 1919, Vierte Bearbeitung, 14. Aufl., Berlin 1933, S. 278 ff. Die
erweiterte Auslegung fand die Billigung der Gerichte, soweit sie Gelegenheit
zur Stellungnahme hatten, und der Kommentatoren und wurde auch vom
Reichstag niemals beanstandet; wegen unbedeutender Ausnahmen siehe a.a.O.
S. 292 ff. Die fast einhellige Billigung ist wohl weniger auf das fehlende
richterliche Prüfungsrecht als auf die Obrigkeitstradition selbst des „liberalen"
Flügels der deutschen Staatsrechtswissenschaft zurückzuführen.

IV. Die Verfassungsänderung

Wendet man sich nunmehr der eigentlichen Verfassungsänderung zu, die nur bei einer geschriebenen Verfassungsurkunde zum Zug kommt, so wäre zunächst zu fragen, unter welchen Umständen sie notwendig oder veranlaßt ist. Allgemeine Kriterien lassen sich hier nicht aufstellen. In erster Linie sind es veränderte soziale, wirtschaftliche oder politische Verhältnisse, die dafür verantwortlich sind, daß eine Verfassungsnorm, die bei der Schaffung der Verfassung vernünftig und ausreichend war, ihre Funktionsfähigkeit eingebüßt hat, also im Interesse des reibungslosen Ablaufs des politischen Prozesses ergänzt, beseitigt oder in anderer Weise den veränderten Anforderungen angepaßt werden muß. Aber eine allgemeine Kategorisierung der Kausalität der Verfassungsänderung läßt sich aus der Kasuistik verfassungstheoretich nicht ableiten.

Verfassungslücken

Eine Verfassungsänderung, hier als Verfassungsergänzung auftretend, kommt dann zum Zug, wenn die Verfassung Lücken enthält, die ausgefüllt werden müssen, soll der politische Betrieb nicht behindert sein. Diese können offen oder versteckt sein. Eine offene Verfassungslücke liegt vor, wenn der Verfassunggeber sich der Notwendigkeit einer verfassungsrechtlichen Regelung bewußt war, sie zu füllen aber aus bestimmten Gründen unterließ. Ein schlagendes Beispiel ist die Frage des Wehrwesens im Bonner Grundgesetz. Dem Parlamentarischen Rat erschien im Jahre 1949 die Regelung des Wehrwesens aus außenpolitischen Rücksichten untunlich. Als sich dann die Notwendigkeit eines deutschen Beitrags zur Verteidigung der westlichen Welt ergab, wurde die verfassungsrechtlich unumgängliche Kompetenzzuweisung an den Bund, nach einem mißglückten Versuch, sie durch die Hintertür der völkerrechtlichen Vertragszuständigkeit einzuschmuggeln, durch die Verfassungsnovelle von 1954 herbeigeführt, welche den Katalog der ausschließlichen Bundesgesetzgebung in Artikel 73 durch die entsprechende Einfügung in seiner Nummer 1 vervollständigte[26]).

[26]) Gesetz vom 26. März 1954 (BGBl. I, S. 54) in Kraft getreten am 5. Mai 1955 (BGBl. II, S. 628). Die Ausführungsgesetzgebung machte dann einen Rattenschwanz weiterer Verfassungsänderungen notwendig, die im Gesetz vom 19. März 1956 (BGBl. I, S. 111) enthalten sind.

Eine versteckte Verfassungslücke dagegen liegt vor, wenn die Notwendigkeit der normenmäßigen Regelung einer Situation bei der Schaffung der Verfassung nicht bestand oder nicht voraussehbar war. Hierfür wäre etwa der XXII. Zusatzartikel der amerikanischen Verfassung einschlägig, der das Verbot einer mehr als zweimaligen Innehabung des Präsidialamts aussprach[27]). In diesem Zusammenhang mag auf die wohl bedeutsamste aller versteckten Verfassungslücken hingewiesen werden, die darin besteht, daß der Ablauf des politischen Prozesses im parlamentarischen Regime, derjenigen Regierungsform also, die in der überwiegenden Mehrzahl der demokratischen Verfassungsstaaten gilt, verfassungsrechtssatzmäßig überhaupt nicht erfaßt, vielleicht sogar, wie man zugeben muß, überhaupt nicht erfaßbar ist. So gibt es keine Norm dafür, unter welchen Umständen das Mißtrauensvotum und die Parlamentsauflösung, die sich gegenseitig bedingen und ergänzen, zulässig oder angezeigt sind. Es kann wohl der Rahmen ihres formalen Vollzugs, nicht aber ihr Anlaß verfassungsmäßig bestimmt werden. Zwar macht sich neuerdings die Notwendigkeit einer Präzisierung der Spielregeln des parlamentarischen Betriebs zusehends fühlbar; verschiedentlichen Versuchen nach dieser Richtung, die unter dem Motto „Rationalisierung der politischen Macht" zusammengefaßt werden, ist aber bisher ein durchschlagender Erfolg versagt geblieben. Hier sind etwa einschlägig: Das Erfordernis einer parlamentarischen Investitur, mit absoluter Mehrheit, des vom Präsidenten designierten Premierministers in der Vierten französischen Republik, oder die Einfügung von sogenannten Abkühlungsfristen zwischen dem von der Regierung gestellten Antrag auf die Vertrauensfrage und der Abstimmung darüber, oder die gleiche Vorsichtsmaßregel hinsichtlich eines Antrags auf ein Mißtrauensvotum und der Abstimmung darüber, oder das Erfordernis von qualifizierten Mehrheiten beim Regierungssturz (Artikel 49, Abs. 2, und 50, Abs. 3 der französischen Verfassung von 1946)[28]).

---

[27]) Siehe Loewenstein III, S. 265 ff.

[28]) Die Investitur des Premierministers mit absoluter Mehrheit erwies sich als so wenig geeignet, das Kabinett zu stabilisieren, daß sie mit Verfassungsänderung vom 7. Dezember 1954 beseitigt wurde; siehe Duverger, a.a.O. S. 484. Zum Problem der „Rationalisierung der politischen Macht" im allgemeinen siehe B. Mirkhine-Guetzévitch, Les Constitutions Modernes, Paris 1951, Bd. I, S. 14 ff.

Gelegentlich wird in eine Verfassung auch das Zeitelement eingeschaltet, um den Verfassungsänderungsprozeß zu rationalisieren, indem die Möglichkeit einer periodischen Verfassungsrevision zwingend vorgeschrieben ist[29]). Diese Einrichtung hat sich aber aus einer Reihe von Gründen nicht bewährt. Manche Verfassungen sind so kurzlebig, daß sie gefallen waren, ehe der vorausbestimmte Endtermin erreicht wurde, wie in Polen; in anderen ist die Bestimmung nur auf dem Papier, da Volk und Parlament auf die Verfassungsdynamik keinerlei Einfluß haben, wie in Salazars Portugal, oder die Revision, auch wenn ihre Notwendigkeit allgemein anerkannt ist, würde zu solchen Schwierigkeiten führen, daß man sie, wie in den Vereinten Nationen, *ad calendas Graecas*, verschiebt, indem man sie in einem Ausschuß ehrenvoll begräbt.

Der Standort des pouvoir constituant

Die Kernfrage aber der Verfassungsänderung ist: Wo ist ihr politischer Standort, oder, verfassungssystematisch gesehen, welche Staatsorgane sind berechtigt, oder gegebenenfalls verpflichtet, dafür die Initiative zu ergreifen und sie dann durchzuführen? Die Ideologie des demokratischen Verfassungsstaats verlangt, daß die Verfassungsänderungs-Zuständigkeit nicht das Monopol eines einzelnen Machtträgers sein darf, sondern so breit wie möglich verankert sein muß. Alle legitimen Machtträger — Regierung, Parlament, das als Wählerschaft organisierte Volk — sollten an ihr teilnehmen können. Durch die möglichst weite Streuung der Beteiligung gewinnt die vorgenommene Verfassungsänderung den breiteren Konsensus und damit die gesteigerte Legitimität. Gestattet man sich, das Standortsproblem des *pouvoir constituant* nach Art einer Maxime zu fassen, so könnte man sagen: Souverän ist, wer unter den Machtträgern über die Verfassungsänderung entscheidet. Das rechtsvergleichende Material läßt sogar den Schluß zu, daß sich aus der jeweils angewendeten Technik der Verfassungsänderung

---

[29]) Beispiele: Portugal (Verfassung von 1933, in der Fassung von 1951), Artikel 176 (in zehnjährigem Abstand seit der letzten Verfassungsrevision, abkürzbar auf fünf Jahre durch Zweidrittelmehrheitsbeschluß der Nationalversammlung); Polen (Verfassung von 1921), Artikel 125, Abs. 4 (fünfundzwanzig Jahre nach Annahme der Verfassung in gemeinsamer Sitzung von Sejm und Senat; Charter der Vereinten Nationen, Artikel 110 (zehn Jahre nach Inkrafttreten).

der politische Charakter eines Regimes ablesen läßt. Wo die Zuständigkeit, sie einzuleiten, und die Fähigkeit, sie durchzuführen, ihr Schwergewicht in der Exekutive haben, handelt es sich um eine autoritäre Regierungsform[30]. So kommt der autoritäre Pferdefuß auch in den Verfassungsänderungsbestimmungen der de Gaulle-Verfassung von 1958 deutlich zum Vorschein[31].

Die Verfassungsänderung in der Schweiz

Unter allen Staaten der Gegenwart weist die Schweiz die breiteste Basis der Verfassungsänderungszuständigkeit auf[32]. Man unterscheidet dort die Total- von der Partialrevision. Partialrevisionen waren und sind überaus häufig, so daß die Schweizer Bundesverfassung, wenn man von einigen amerikanischen Einzelstaatsverfassungen absieht, die am meisten abgeänderte Verfassung überhaupt ist. Von 1874 bis heute sind nicht weniger als zweiundsechzig derselben ergangen. An der Verfassungsänderung sind alle Machtträger — die beiden „Abteilungen" (Häuser) der Bundesver-

---

[30] Dies läßt sich schon bei den frühesten autoritären Regimen feststellen, die sich eine Verfassung zulegten. Nach den Instrumenten Napoleons I. nahm der Senat, dessen Mitglieder seine Kreaturen waren, die Verfassungsänderung durch Senatsbeschluß *(sénatus-consult)* vor. Die imperiale Verfassung Napoleons III. (Artikel 13) folgte diesem Modell getreulich. Der Senat konnte nicht nur Verfassungsänderungen vornehmen, die dann mit Zustimmung des Exekutivchefs in Kraft traten, sondern war auch ausdrücklich ermächtigt (Artikel 27), Verfassungslücken zu füllen und die Verfassung zu interpretieren. Über die Vorhand des Präsidenten in der Pilsudski-Verfassung Polens (1935) siehe Karl Loewenstein, Der Staatspräsident, Archiv des öffentlichen Rechts, Bd. 75 (1949), S. 167 f.

[31] Artikel 89; hierzu Duverger, a.a.O. S. 530 und 626 ff. Kommt es zur Abstimmung über eine Verfassungsänderung im Kongreß beider Kammern, so ist es nicht ausgeschlossen, daß der Präsident mit Hilfe des Senats, dessen Hauptmandatar wie bei ihm selbst das agrarische Element ist, eine Verfassungsänderung durchsetzen kann, die von der Mehrheit der Nationalversammlung und damit des Landes überhaupt abgelehnt wird (siehe Duverger, a.a.O. S. 627/28).

[32] Bundesverfassung von 1874, Artikel 118, 123. Vgl. das führende Lehrbuch von Z. Giacometti, Schweizerisches Bundesstaatsrecht, Zürich 1949, S. 805 ff. Ein großer Teil der vorgenommenen Verfassungsänderungen hat die Kompetenzverteilung zwischen Bund und Kantonen zum Gegenstand; siehe auch neuestens Dietrich Schindler, Die Entwicklung des Föderalismus in der Schweiz, Jahrbuch des öffentlichen Rechts der Gegenwart, N. F. Bd. 9 (1960), S. 42 ff. und Hans Nef, Die Fortbildung der schweizerischen Bundesverfassung in den Jahren 1929 bis 1953, ebenda, Bd. 4 (1955) S. 355 ff. Ein vorzüglicher Kurzkommentar ist Christopher Hughes, The Federal Constitution of Switzerland, Oxford 1954.

sammlung, die Kantone und die Wählerschaft — von verfassungs-
wegen und auch die Regierung zumindest indirekt beteiligt. Die
Initiative dazu kann sowohl von der Bundesversammlung wie
von der Wählerschaft auf Verlangen von 50 000 stimmberechtigten
Schweizer Bürgern ergriffen werden[33]). Bei jeder Verfassungsänderung, gleichgültig von welchem Organ sie in Lauf gesetzt wird,
ist das Referendum (Volksabstimmung) schlechthin obligatorisch.
Bei der endgültigen Abstimmung muß sich sowohl die Mehrheit
aller sich daran beteiligenden Schweizer Bürger wie die Mehrheit
der Wählerschaften der Kantone für die Verfassungsänderung aus-
sprechen. Zu betonen wäre ferner, daß zwar der Bundesregierung,
dem Bundesrat, im Rahmen des Verfassungsänderungsverfahrens
keine offizielle Stellung zugewiesen ist, außer der Verpflichtung,
einen von den Wählern unformuliert eingereichten Initiativantrag
in Gesetzesform umzugießen, daß er sich aber indirekt in das Verfahren einschaltet: Einmal kann er von sich aus einen Änderungs-
vorschlag an die Bundesversammlung gehen lassen, den diese nach
der Verfassungspraxis unter allen Umständen als ihren eigenen
Vorschlag weiterbehandelt, zum anderen aber dadurch, daß die
Bundesversammlung es sich zum Grundsatz gemacht hat, überhaupt
nicht in die Behandlung einer Revisionsinitiative einzutreten, ehe
nicht der Bundesrat durch einen Bericht seinerseits dazu Stellung
genommen hat. Damit ist der letztere in die Lage versetzt, ein
suspensives Veto auszuüben[34]). Das schweizerische Verfassungsänderungsverfahren weist zwar erhebliche technische Mängel auf,
zeichnet sich dagegen durch die maximale Beteiligung aller Staatsorgane — Parlament, Regierung, Wählerschaft und Kantone — aus.

---

[33]) Das Volksbegehren kann entweder als allgemeine Anregung oder in der
Form eines ausgearbeiteten Entwurfs gestellt werden. Im ersteren Fall, heute
kaum mehr vorkommend, schaltet sich die Bundesregierung ein, die, wenn
sie mit dem Plan als solchem einverstanden ist, ihn in die Form eines Ge-
setzes überträgt und dieses dann dem Volk und den Ständen vorlegt. Ein
ausgearbeiteter Entwurf geht, gleichgültig ob die eidgenössischen Räte (Parlament) damit einverstanden sind oder nicht, an das Volk zur Abstimmung.
Doch kann im Falle der Nichtzustimmung die Bundesversammlung ihren
eigenen Vorschlag gleichzeitig zur Abstimmung bringen.
[34]) Hughes, a.a.O. S. 137.

Häufigkeit der Verfassungsänderung

Versucht man, die Häufigkeit einer Verfassungsänderung mit der Lebensdauer — Lang- oder Kurzlebigkeit — einer Verfassung in Beziehung zu setzen, so sollte man meinen, daß, je älter eine Verfassung ist, desto mehr wäre sie änderungsbedürftig. Es zeigt sich aber, daß ältere, also langlebige, Verfassungen keineswegs anfälliger sind als neuere, und daß sie im Gegenteil sogar eine erstaunliche Standfestigkeit im Sinne der Seltenheit der Verfassungsänderung aufweisen. Dies gilt vor allem von der amerikanischen Bundesverfassung, die, mit ihrem Geburtsjahr 1789 der Doyen der heutigen Verfassungen, auch den Langlebigkeitsrekord überhaupt inne hat. Seit ihrem Entstehen sind ihr nur dreiundzwanzig[34a] Zusatzartikel — die dortige Technik der Verfassungsänderung — hinzugefügt worden und von diesen zählen die ersten zehn, die Grundrechte umfassend, überhaupt nicht, da sie von allem Anfang an als organischer Bestandteil der Verfassung vorgesehen waren[35]. Bei nur dreizehn Verfassungsänderungen in mehr als eindreiviertel Jahrhunderten haben sich also die Amerikaner einer außerordentlichen Zurückhaltung in der Verfassungsänderung befleißigt. Überdies ist von den dreizehn, wenn man etwa vom XIV. Zusatzartikel nach dem Sezessionskrieg absieht, kaum eine einzige von wirklich grundsätzlich verfassungsstruktureller Bedeutung gewesen. Diese Sparsamkeit wird allerdings nur dann verständlich, wenn man bedenkt, daß die Anpassung der Verfassung an die sich ändernden Sozialbedingungen der modernen Gesellschaft im wesentlichen durch die Auslegung der einzelnen Verfassungsbestimmungen durch die Bundesgerichte erfolgt ist, die insbesondere durch die Ausweitung der Verfassungsklauseln der 8. Sektion des I. Artikel wie „Handel", „allgemeine Wohlfahrt" und durch die Technik der implizierten Zuständigkeiten vor allem die bundesstaatliche Struktur der Verfssung mit den erforderlichen Stromlinien versah. Die gleiche Beobachtung, daß alte Verfassungen in der Regel weni-

---

34a) Die Zahl dreizehn wurde im Frühjahr 1961 erreicht, als ein im Juni 1960 vom Kongreß angenommener und dann bei den Einzelstaaten in Umlauf gesetzter Zusatzartikel (XXIII) von der Legislative des 38. Staates angenommen worden war. Damit wurde den Bürgern des *District of Columbia*, in dem Washington gelegen ist, endlich das Wahlrecht für die Bundeswahlen gewährt; siehe darüber Loewenstein III, S. 51 f.

35) Über die Verfassungsänderung in USA allgemein vgl. Loewenstein III, S. 35 ff.

ger Änderungen unterliegen als gewisse andere neueren Datums, zeigt sich auch bei den Verfassungen Schwedens und Norwegens sowie Belgiens und der Niederlande, die alle zu den Senioren unter den Verfassungen gehören[36]). Die Gründe für eine solche Verfassungsstabilität liegen einmal wohl in der dort geltenden ungewöhnlichen Erschwerung der Verfassungsänderung, hauptsächlich aber darin, daß die Staatspraxis durch Verfassungsumwandlung die Anpassung an die veränderten Zeitumstände vornahm und damit die frontale Verfassungsänderung entbehrlich machte. Diese Situation hat andererseits sowohl bei der Masse des Volkes wie bei den verantwortlichen Machtträgern ein hochgradiges Gefühl des Respekts gegenüber dem Grundgesetz ausgelöst, ein Verfassungsgefühl[37]), das zumindest in den Vereinigten Staaten eine Verfassungs-Mythologie entwickelt hat, der die Bundesverfassung als ein Heiligtum gilt. Je mehr eine Nation sich in ihre Verfassung eingelebt hat, desto zurückhaltender ist sie in ihrer Antastung durch Verfassungsänderung.

V. Die Technik der Verfassungsänderung

Technisch kann eine Verfassungsänderung nur dadurch erfolgen, daß dem zur Zeit der Änderung bestehenden Wortlaut etwas hinzugefügt wird — Ergänzung — oder daß von ihm etwas weggenommen wird — Streichung — oder daß der bestehende Wortlaut durch einen anderen ersetzt wird — Auswechslung. Das Verfahren kann sich auf mehrere Artikel oder auch nur auf einen derselben, auf einen Teil eines Artikels (Absatz oder Satz) oder auf mehrere Worte oder nur eines derselben innerhalb eines Satzes erstrecken. Andere Möglichkeiten sind nicht gegeben.

Erhöhte — qualifizierte — Parlamentsmehrheiten

Die so gut wie allgemeine Regelung des Verfassungsänderungsverfahrens in unserer Zeit ist, daß an ihr vorzüglich die Gesetzgebungsorgane beteiligt sind und daß es sich „im Wege der Ge-

---

[36]) Dänemark sah sich aus einer Reihe von Gründen, vor allem wegen der Abschaffung des Zweikammersystems und der Einführung der weiblichen Thronfolge, veranlaßt, die Verfassung von 1915 durch die neue von 1953 zu ersetzen.
[37]) Siehe unten S. 56 ff.

setzgebung" vollzieht[38]). Hier besteht die wiederum fast allgemeine Regel, daß das Verfassungsänderungsverfahren im Vergleich zum gewöhnlichen Gesetzgebungsverfahren erschwert ist.
Dabei entsteht nun das Dilemma, mit dem sich der Verfassungsgesetzgeber seit dem 18. Jahrhundert andauernd hat auseinander-
setzen müssen: Sind die Bedingungen so leicht zu erfüllen, daß die
Verfassungsänderung jederzeit ohne wesentliche Hemmnisse vorgenommen werden kann, so liegt darin eine Einladung an die
jeweils am Ruder befindliche Parteienmehrheit, die Verfassung nach
ihren Interessen zurechtzubiegen. Diese Gefahr liegt insbesondere
bei einer Mehrheitspartei nahe, die sich dank ihrer Beherrschung
der Propagandamittel so tief in die Macht eingegraben hat, daß
sie ihre Dislozierung nicht zu befürchten hat. Sind aber andererseits die Erfordernisse der Verfassungsänderung so schwer zu erfüllen, daß sie nur bei Vorliegen eines außerordentlichen Konsensus zu erwarten ist, so läuft man Gefahr, daß eine an sich notwendige Textänderung überhaupt nicht oder nur mit erheblichem
Zeitaufschub vorgenommen werden kann. Bei einer solchermaßen
gedrosselten Verfassungsdynamik sucht sich dann der politische
Prozeß außerverfassungsrechtliche Kanäle, die nur zu leicht in die
Illegalität — Mißachtung, Umgehung und Bruch der Verfassung —
münden. Dafür lieferten schon die französischen Revolutionsverfassungen abschreckende Beispiele. Sie anerkannten zwar den un-
entziehbaren *pouvoir constituant* der Nation, aber die Verfassungsväter, von der Vollendetheit ihres Werkes zutiefst durchdrungen, erschwerten die Verfassungsänderung derart, daß jede
der drei Revolutionsverfassungen von 1791, 1793 und 1795
im Wege des Umsturzes durch eine neue ersetzt werden mußte[39]).
Die Aufgabe des Verfassungsgebers ist also, unter Berücksichtigung
der allgemeinen Erfahrung sowohl wie der konkreten nationalen
Situation sein Verfassungsschiff geschickt zwischen der Skylla der

---

[38]) Eine Ausnahme stellen diejenigen der amerikanischen Einzelstaaten dar,
in denen eine Verfassungsänderung durch Volksbegehren in Gang gesetzt und
durch Volksabstimmung vorbeschieden wird, ohne daß die Staaten-Legislative
überhaupt damit befaßt würde.

[39]) Beispielsweise schrieb die Verfassung von 1791 (Titel VI, Artikel 1—8)
die Annahme jedweder Verfassungsänderung durch drei aufeinanderfolgende
Legislativkörperschaften vor und erst die vierte, für welche Mitglieder der
vorausgegangenen dritten Legislative nicht wählbar waren, konnte endgültig
über die Änderung beschließen!

zu leichten und der Charybdis der zu erschwerten Verfassungsänderung hindurch zu steuern.

Die Technik, die sich für die Erschwerung der Verfassungsänderung seit Beginn der geschriebenen Verfassungen vorzugsweise eingeführt und weitgehend bewährt hat, sind verstärkte — qualifizierte — Parlamentsmehrheiten bei der Annahme des Verfassungs-
änderungsgesetzes. Dadurch wird nicht nur ein breiterer Konsensus
der im Parlament vertretenen Parteien und der von ihnen reprä-
sentierten Sozialkräfte und somit eine größere Legitimität der
Änderung erzielt, als auch der dissentierenden Minderheit ein Veto
eingeräumt, das, als eine wirksame Intraorgan-Kontrolle fungie-
rend[40]), den machtmißbräuchlichen Anwandlungen der Mehrheit
einen Riegel vorschiebt. Darin liegt ein in seiner Bedeutung kaum
zu überschätzendes Regulativ der politischen Dynamik[41]).

Der jetzt vielerorts übliche Schlüssel, den die praktischen Amerikaner von Anfang an gefunden hatten, ist das Erfordernis der
Zweidrittelmehrheit für die Annahme einer Verfassungsänderung
in der Legislativkörperschaft. Auch Weimar (Artikel 76, Abs. 2)
und Bonn (Artikel 79, Abs. 2) reihen sich hier an. Doch kommen
gelegentlich auch andere arithmetische Brüche, wie Dreiviertel oder
Dreifünftel, vor.

Das Erfordernis der erschwerten Verfassungsänderung wurde
zum Anlaß der heute durchaus überholten Einteilung der Verfassungen in starre (rigide) und biegsame (flexible), je nachdem die
Verfassungsänderung erschwert ist oder nicht.

Verfassungsänderungen ohne qualifizierte Parlamentsmehrheiten
waren im 19. Jahrhundert besonders bei den nach dem monarchischen Prinzip ausgerichteten Verfassungen nicht ungebräuchlich. Das
bekannteste Beispiel war die Carlo-Alberto-Verfassung Italiens von

---

[40]) Siehe Loewenstein II, S. 180 ff.
[41]) Die formelle Änderung des jetzt berühmten Artikels 9 der Japanischen
Verfassung von 1946, nach welchem Japan niemals wieder Land-, See- oder
Luftstreitkräfte unterhalten wird, konnte nicht vorgenommen werden, da die
Sozialdemokraten, über mehr als ein Drittel der Mitglieder in beiden Häusern
verfügend, sich widersetzten und damit die zur Verfassungsänderung vor-
geschriebene Zweidrittelmehrheit (Artikel 96) nicht erreichbar ist. Die trotzdem aufgestellten, bescheiden „Verteidigungskräfte" etikettierten Militär-
einheiten sind damit strikt verfassungswidrig. Das ungelöste Problem be-
lastet die japanische Innen- und Außenpolitik seit zehn Jahren. Die vielbeachtete
Entscheidung des japanischen Obersten Gerichtshofs im sogenannten Sunakawa-
Fall (No. 710/1959) bei welcher es um die Stationierung amerikanischer Truppen
in Japan ging, konnte die Frage unentschieden lassen.

1848, in der nach dem Muster der königlichen Chartes die Verfassungsänderung überhaupt mit Stillschweigen übergangen war[42]). Die verhängnisvolle Folge war, daß, weil Mussolini die Verfassung im Wege der einfachen Gesetzgebung durch seine dank der abgekarteten Wahlgesetze völlig faschistischen Kammern nach Belieben zurechtbiegen konnte, sie nach wie vor den gesetzlichen Rahmen für die völlige Pervertierung des Verfassungsstaats bildete[43]). Heute ist die Erschwerungstechnik so allgemein geworden, daß nur mehr Neuseeland, das statt einer einheitlichen Verfassungsurkunde lediglich ein Bündel von Verfassungsgesetzen hat, und Israel[44]) von Erschwerungsvorschriften absehen. In diesem Zusammenhang ist aber auch Kanada zu erwähnen, das insofern eine Sonderstellung einnimmt, als seine Verfassung, der *British North America Act* von 1867 (33 & 34 Vic., c. 3), bis in die allerjüngste Zeit überhaupt nicht vom Dominion Parlament, sondern nur durch ein britisches Parlamentsgesetz abgeändert werden konnte. Dieser Anomalie ist nunmehr durch das britische Gesetz von 1949 (*British North America Act* Nr. 2, 1949 [31 Geo. 6, c. 8] ein Ende bereitet worden, so daß Kanada seither eine weitgehende Verfassungsautonomie besitzt; gewisse Bestimmungen der Dominion-Verfassung sind aber immer noch nur durch ein britisches Parlamentsgesetz abänderbar[45]). Hinsichtlich der dem Dominion

---

[42]) Ebenso die Verfassung der spanischen Monarchie von 1876, die bis zum Umsturz von 1931 galt. Über die italienische Situation unter der Verfassung von 1848 unterrichtet die verdienstvolle Studie von Walter Leisner, Die Verfassungsänderung in der italienischen staatsrechtlichen Tradition, ein Beitrag zur Lehre von der „starren" Verfassung, Österreichische Zeitschrift für öffentliches Recht, Band X (1960), S. 229 ff. Die Verfassungsänderung vollzog sich teilweise durch stillschweigende Abweichungen oder Derogierung der Verfassungsnormen, teilweise durch echte Änderungen des Verfassungswortlaut selbst, in beiden Fällen aber im Wege der einfachen Gesetzgebung. Ein gewisser unabänderlicher Kernbereich schien durch das Erfordernis der gemeinsamen Mitwirkung von Parlament und Krone gegeben.

[43]) Siehe Leisner, a.a.O. S. 232 ff; die Einschaltung des Faschistischen Großrats nach Gesetz No. 2653 vom 9. Dezember 1928 war nur eine Schaufensterattrappe, hat aber Mussolini schließlich doch das Genick gebrochen.

[44]) Das als Verfassungsskelett dienende sogenannte Übergangsgesetz von 1949 ist bisher nur ein einziges Mal in seinem Wortlaut geändert worden.

[45]) So mußte die Einführung von Alterspensionen im Dominion durch ein britisches Gesetz von 1951 (14 & 15. Geo 6, c. 32) vorgenommen werden, ebenso die Neuverteilung der Unterhaussitze unter den Provinzen im Jahre 1952 (1 Elizabeth 2, c. 15). Über die überaus komplizierte und in Kanada selbst umstrittene Situation siehe Livingston, a.a.O. S. 92 ff. und Loewenstein II, S. 324 ff.

selbst zustehenden Verfassungsänderungen bestehen keine vom gewöhnlichen Gesetzgebungsverfahren abweichenden Erschwerungen[46]).

Außer den qualifizierten Parlamentsmehrheiten wären noch die folgenden Erschwerungstechniken zu erwähnen: Die Annahme der Verfassungsänderung in einer gemeinsamen Sitzung der beiden Häuser des Parlaments, wofür die Verfassungen der Dritten und Vierten französischen Republik das bekannteste Beispiel bilden.. Das auch in der Südafrikanischen Union bestehende Verfahren erregte neuerdings eine notorische Aufmerksamkeit, da es von der nationalistischen Burenregierung zur Lösung der Verfassungskrise (1951—1956) mißbraucht wurde[47]). In solchen Fällen hat naturgemäß das Unterhaus als die mitgliederstärkere Kammer regel·mäßig das Übergewicht. Als weitere Abänderungsmodalitäten wären schließlich noch Vorschriften zu nennen, nach welchen eine Verfassungsänderung vom Parlament mehrmals in nacheinander folgenden Sessionen[48]) oder auch wiederholt innerhalb derselben Session[49]) angenommen werden muß, oder daß die Annahme von der Zustimmung der entsprechenden Mehrheiten der gesetzlichen statt nur der anwesenden Mitglieder des Parlaments abhängig ist.

---

[46]) Artikel 91, Class 1, eingefügt durch *British North America* (Nr. 2) *Act* von 1949 (13 Geo. 6, c. 81).

[47]) Nach der Verfassung von 1909 (*South Africa Act* [9 Edw. 7 c. 9]), Artikel 102 dürfen die sogenannten „eingegrabenen" *(entrenched)* Bestimmungen der Artikel 35 und 137, das Wahlrecht der Farbigen in der Kapprovinz (worunter aber nicht die Neger verstanden sind) und die Gleichstellung der englischen und der afrikanischen Sprache betreffend, nur in einer gemeinsamen Sitzung beider Häuser mit Zweidrittelmehrheit geändert werden. Darüber entspann sich eine langwierige Verfassungskrise (1951—1956), die mit der Abschaffung des Wahlrechts durch die siegreiche Nationalistenpartei endete; siehe Gwendolen M. Carter, The Politics of Inequality, New York 1958, S. 110 ff.

[48]) Beispielsweise Schweden (Verfassung von 1809), Artikel 181, Abs. 1.

[49]) Italien (Verfassung von 1948), Artikel 138, Abs. 1. Nachdem das Abgeordnetenhaus durch bloße Geschäftsordnungsvorschrift bestimmt hatte, daß seine beiden Lesungen zuerst abgeschlossen sein müßten, ehe die Vorlage an den Senat ging, war die Deliberationsfrist entgegen Sinn und Wortlaut der Verfassung weit über sechs Monate ausgedehnt worden; erst 1957 wurde die Geschäftsordnung in Einklang mit der Verfassung gebracht, ein interessantes Beispiel dafür, wie eine materielle Verfassungsänderung auch durch die parlamentarische Geschäftsführung indirekt herbeigeführt werden kann; siehe Leisner, a.a.O. S. 253 f.

Beteiligung der Wählerschaft

Was nun die Einschaltung der Wählerschaft in das Abänderungsverfahren anbelangt, so stehen hier zwei Möglichkeiten offen, nämlich einmal die Auflösung des Parlaments nach Annahme der Änderung durch dasselbe, die Abhaltung von Neuwahlen und die nochmalige Annahme durch das neue Parlament und die eigentliche Stellungnahme der Wählerschaft in einem Referendum. Die erstere Modalität besteht in Belgien, in den Niederlanden und in Norwegen[50]). Ob damit die erzdemokratische Patentlösung gefunden ist, wie es äußerlich den Anschein haben mag, ist nach den Erfahrungen der Praxis mehr als zweifelhaft. In der automatischen Parlamentsauflösung und Neuwahlen liegt eine ganz außerordentliche Erschwerung der Verfassungsänderung, welche die relative und absolute Seltenheit von Verfassungsänderungen in diesen Ländern verständlich macht[51]). Man kann zwar die Behandlung der Änderung bis in die letzte Session der Legislaturperiode vor der normalen Auflösung aufschieben, um eine außerordentliche Auflösung zu vermeiden, oft ist aber dann keine Zeit mehr dazu. Eine außerordentliche Parlamentsauflösung mit Neuwahlen aber ist immer ein innerpolitisches Risiko, das die jeweilige Parlamentsmehrheit begreiflicherweise nach Möglichkeit vermeidet. Die Folge ist, daß auch dringende Verfassungsänderungen auf die lange Bank geschoben werden, was nicht selten zum Erlaß verfassungswidriger Maßnahmen führt, die beim Mangel einer richterlichen Prüfungszuständigkeit in diesen Ländern nicht gerügt werden können. Und schließlich geht es bei Neuwahlen immer um politische Machtfragen und ihr realplebiszitärer Charakter als Volksentscheidung über eine konkrete Verfassungsänderung tritt notwendigerweise zurück.

Das Verfassungsreferendum

Eine echte plebiszitäre Beteiligung der Wählerschaft am Verfassungsänderungsverfahren dagegen ist im fakultativen oder obligatorischen Verfassungsreferendum gegeben. Es kann in der Form

---

[50]) Belgien (Verfassung von 1831), Artikel 131; Niederlande (Verfassung von 1815 in der Fassung von 1947), Artikel 202, 203; Norwegen (Verfassung von 1814), Artikel 112; Dänemark (Verfassung von 1953), Artikel 99.
[51]) In Belgien sind insgesamt nur sechs Verfassungsänderungen ergangen, die letzte 1954, um den Beitritt zu internationalen Organisationen mit supranationalen Behörden zu ermöglichen.

einer Volksabstimmung über die vom Parlament ausgehende Verfassungsänderung bestehen — der häufigere Fall —, aber auch in der Teilnahme der Wählerschaft durch Volksbegehren und nachfolgende Schlußabstimmung, nachdem das Parlament positiv oder negativ dazu Stellung genommen hat — der weit seltenere Fall —, den nur die Schweiz voll ausgebaut hat.

Wie so viele andere Techniken des modernen Staats, die in der französischen Revolution vorgeformt wurden, ist das Verfassungsreferendum zuerst vom Nationalkonvent von 1793 aufgebracht worden[52]). Das war echter und unverfälschter Rousseau, wie man ja überhaupt die französische Revolution als einen Zweikampf zwischen der Plebiszitärdoktrin Rousseau's und dem Repräsentativprinzip Montesquieu's auffassen kann[53]). Seither war das Schicksal der unmittelbaren Volksbeteiligung am *pouvoir constituant* überaus schwankend. Sie kam in Verruf, weil sie, von oben her mühelos manipulierbar, von den Diktaturen zur Machtlegitimierung mißbraucht wurde, wurde aber nach dem ersten Weltkrieg, als die ultra-demokratische Welle Europa überschwemmte, wieder populär, da man sich die plebiszitäre Technik als notwendige Korrektur der Parlamentsvormacht vorstellte. Im Zuge dieser Entwicklung wurde sogar mit Initiative und Referendum auch bei gewöhnlichen Gesetzen experimentiert, vor allem aber bei einzelnen Verfassungsänderungen[54]), nirgends jedoch mit überzeugendem Erfolg. Für die Annahme einer neuen Verfassung als solcher dagegen, der eigentliche Anwendungsfall des *pouvoir constituant*, ist die Volksabstimmung heute fashionabler denn je zuvor und begreiflicherweise beliebt bei den Diktaturen, da ihr Ergebnis zuverlässiger „gelenkt" oder auch gefälscht werden kann als Par-

---

[52]) Es war schon im Vorentwurf der Gironde vom 15./16. Februar 1793 (Titel X) enthalten gewesen und ging dann in die (nachher suspendierte) Verfassung vom 24. Juni 1793 (Artikel 115 ff.) über; die Verfassung selbst wurde von den Primärversammlungen mit außerordentlichen Mehrheiten angenommen; vgl. Laferrière, a.a.O. S. 96.

[53]) Siehe Robert Redslob, Die Staatstheorie der französischen Revolution, Leipzig 1912; Karl Loewenstein, Volk und Parlament nach der Staatsauffassung der französischen Nationalversammlung von 1789, München 1922; Robert K. Gooch, Parliamentary Government in France: Revolutionary| Origins 1789—1791, Ithaca, N. Y. 1960.

[54]) Vgl. die brillante Schrift von Ernst Fraenkel, Die repräsentative und die plebiszitäre Komponente im demokratischen Verfassungsstaat, Tübingen 1958.

lamentsentscheidungen, bei denen zum Zwecke des Gesichtswahrens eine gewisse publizistische Ehrlichkeit nicht völlig ausgeschaltet werden kann.

Die im Laufe der Zeit angesammelte Erfahrung läßt es allerdings zweifelhaft erscheinen, ob das Verfassungsreferendum, mag es auch theoretisch als echte Bekundung des Volkswillens noch so unanfechtbar erscheinen, eine nützliche oder aber ein gefährliche Einrichtung ist. Die Frage ist: Kann der Durchschnittswähler über ein so kompliziertes Dokument wie es eine moderne Verfassung ist, auch wirklich ein vernünftiges Urteil abgeben oder aber ist seine Stellungnahme bei der Volksabstimmung so sehr emotionell bedingt, daß eine echte Willensentscheidung unmöglich ist? Dafür bietet die jüngste französische Erfahrung überaus lehrreiches Material. Seit dem letzten Krieg wurden die Franzosen nicht weniger als viermal (1945, zweimal 1946 und 1958) veranlaßt, über eine neue Verfassung abzustimmen[55]). Wie hat der französische Wähler, der zu den gewitztesten unserer Zeit gehört, diese Intelligenzprobe bestanden? Die durch eine Doppelfrage außerordentlich komplizierte Abstimmung vom 21. Oktobr 1945 ergab eine überwältigende Mehrheit für die Abkehr von der Dritten Republik. Auch die Verwerfung des ersten Verfassungsentwurfs am 5. Mai 1946 war ein überzeugender Beweis der politischen Fähigkeiten des französischen Wählers. Zum erstenmal in der französischen und wohl überhaupt das einzige Mal in der Verfassungsgeschichte wurde ein von einer kurz vorher gewählten Nationalversammlung angenommener Entwurf einer Verfassung vom Volk abgelehnt. Bei der Abstimmung über den zweiten Verfassungsentwurf dagegen am 13. Oktober 1946 war die Verwirrung der Parteien und Wähler derart, daß die Verfassung nur von einer Minderheit angenommen wurde, da Nein-Stimmen und Stimmenthaltungen sich zu den Ja-Stimmen wie 2 : 1 verhielten. Die Abstimmung vom 28. September 1958 über die de Gaulle-Verfassung, bei deren Ausarbeitung das Parlament völlig ausgeschaltet gewesen war, brachte eine Mehrheit von 2 : 1 (hier die Stimmenthaltungen eingeschlossen) zugunsten der Verfassung. Aber ähnlich wie die Franzosen im Jahre 1799 für den charismatischen General Bonaparte gestimmt hatten, stimmten sie für den General de Gaulle, da ihnen keine andere Wahl

---

[55]) Über Einzelheiten vgl. Duverger, a.a.O. S. 461 ff., 471/72, 507/08.

blieb; die Verfassung war das kleinere Übel im Vergleich mit der sonst drohenden Militärdiktatur; die Verfassung selbst war dem Volk völlig Hebukah. Wenn das am grünen Holze der Franzosen geschieht, kann man sich füglich fragen, wie es anderwärts mit dem Realwert eines jeden Verfassungsreferendums bestellt sein mag. Man könnte schießlich mit Schluß *a maiore ad minus* sagen, daß sich die Einrichtung des Verfassungsreferendums, wenn überhaupt, nur für eine neue Verfassung empfiehlt, während die Abstimmung über einzelne Verfassungsänderungsbestimmungen, die doch meist technischer Natur sind, geistige Anforderungen an die Wählerschaft stellt, denen sie nicht gewachsen sein kann. Die Ausnahmen in der Schweiz oder etwa in Australien mögen nur die Regel bestätigen. Das ist aber zugegebenermaßen eine offene Frage.

Die Verfassungsänderung im Bundesstaat

Im Bundesstaat ist eine geschriebene Verfassung schlechthin unerläßlich, da nur durch sie sowohl der Zusammenschluß vorher souveräner Einzelstaaten zu einem Gesamtstaat als auch die Abgrenzung der Kompetenzsphären zwischen Oberstaat und Gliedstaaten möglich ist. Die bundesstaatliche Logik macht auch die Mitwirkung der Gliedstaten bei der Verfassungsänderung notwendig. Dies ist die ausnahmslose Regel[56]). So ist in den Vereinigten Staaten nach der Annahme der Verfassungsänderung durch die Zweidrittelmehrheit des Kongresses die Ratifikation durch die Dreiviertelmehrheit der Staten erforderlich[57]). In Deutschland wurde unter der Bismarck-Verfassung von 1871 ein Verfassungsänderungsgesetz vom Reichstag mit einfacher Mehrheit beschlossen, unterlag aber im Bundesrat als dem Föderativorgan gegen den Einspruch von vierzehn Stimmen (die sogenannte Preußenklausel des Artikel 78). Auch unter Weimar war die Zustimmung des Reichsrats mit Zweidrittelmehrheit vorgeschrieben (Artikel 76, Abs. 1, Satz 3). Die Regelung, die sich bewährt hatte, wurde von Bonn unverändert übernommen (Artikel 79, Abs. 2). In der

---

[56]) Die neueste Behandlung ist das in Anmerkung 2 erwähnte Buch von Livingston, das auch kurz auf Deutschland eingeht (S. 281 ff.); K. C. Wheare, Federal Government, 3. Aufl. London—New York—Toronto 1953 (jetzt auch in deutscher Übersetzung zugänglich) fehlt Verständnis für die deutsche Situation.

[57]) Loewenstein III, S. 40 ff.

Schweiz muß die Verfassungsänderung nicht nur von der Mehrheit aller sich an der Abstimmung beteiligenden Schweizerbürger, sondern überdies auch von den entsprechenden Wählermehrheiten in den Kantonen angenommen werden. Lehrreich in diesem Zusammenhang ist die bundesstaatliche Erfahrung in Australien[58]). Nach der Verfassung von 1900 *Commonwealth of Australia Act* [63 & 64 Vic., c. 12], Artikel 128) muß der Vorschlag zunächst vom Repräsentantenhaus und vom Senat mit absoluten Mehrheiten der gesetzlichen Mitglieder angenommen, um dann den Wählern der Einzelstaaten vorgelegt zu werden. Dies gilt auch für den Fall, daß sich die beiden Häuser nicht einig gewesen wären. Der Vorschlag ist genehmigt, wenn sowohl die Mehrzahl aller Commonwealth-Wähler als auch eine Mehrheit der Staatenwählerschaften zugestimmt haben. Das der bundesstaatlichen Organisation voll Rechnung tragende Verfassungsänderungsverfahren gleicht also äußerlich dem der Schweiz; aber die Ergebnisse sind grundverschieden. Seit 1900 passierten 24 Änderungsvorschläge das Parlament, aber nur vier derselben fanden Gnade vor der Wählerschaft, im Gegensatz zu den zweiundsechzig innerhalb einer nur um dreißig Jahre längeren Zeitspanne in der Schweiz. Außerdem aber verweigerte der Senat, sich als Schutzherr der Staaten fühlend, sehr oft seine Zustimmung. Diese Verkoppelung von bundesstaatlichen mit referendalen Elementen ist also dafür ververantwortlich, daß sich die australische Verfassung als so gut wie unabänderbar erwiesen hat, mit der überaus nachteiligen Folge, daß die dringend gebotene Zentralisierung der Staatsführung, insbesondere auf dem wirtschaftlichen Gebiet, nicht erzielt werden konnte.

VI. Einige Spezialprobleme der Verfassungsänderungstechnik:

Die Totalrevision

Ist die von einigen Verfassungen gemachte Unterscheidung zwischen Totalrevision — der völligen Neugestaltung der Verfassung — und Partialrevision — der Erneuerung einzelner Bestimmungen — vernünftig und praktisch? In der Schweiz ist die Totalrevision, begreiflicherweise immer eine einschneidende Operation,

---

[58]) Siehe Livingston, a.a.O. S. 110 ff; Loewenstein II, S. 325 f.

mit allen nur erdenklichen Kautelen umgeben (Artikel 118, 119, 123). Die Initiative kann vom Bundesrat, einem der beiden Häuser des Parlaments oder von den Kantonen ausgehen (Artikel 93, Abs. 2). Sind sich die beiden Häuser einig, so geht, ebenso wie bei der Partialrevision, der von ihnen ausgearbeitete Entwurf an die Volksabstimmung und erfordert die Annahme durch die Mehrheiten der Kantonswählerschaften (Artikel 118, 123). Widerspricht aber eine der beiden Abteilungen der Bundesversammlung oder wurde das Verfahren durch die Initiative von (mindestens) 50 000 Bürgern in Gang gesetzt, so kompliziert es sich erheblich. Es muß dann zunächst die Vorfrage durch Volksabstimmung bejaht werden, ob eine Totalrevision überhaupt wünschenswert ist. Zu bemerken ist, daß in dieser Phase die Kantone nicht zum Zug kommen. Wird die Notwendigkeit bejaht, so werden die beiden Kammern aufgelöst und die neue Bundesversammlung nimmt dann die Ausarbeitung einer neuen Verfassung in die Hand. Das dann zustande gekommene Endprodukt muß seinerseits der Volksabstimmung unterstellt werden (Artikel 123)[59]). Die gegenwärtige Verfassung der Schweizer Eidgenossenschaft ist selbst das Ergebnis einer Totalrevision der vorherigen Verfassung von 1848. Seither sind nur zwei Vorschläge auf Totalrevision vorgelegt worden. der erste im Jahre 1880 wegen einer Frage, die eigentlich nur eine Partialrevision betraf, aber aus technischen Gründen als Totalrevision eingekleidet werden mußte, die andere im Jahre 1935, von Nationalsozialisten im Bund mit reaktionären katholischen Kantonen in Gang gesetzt. Beide Male wurde die Totalrevision in der Volksabstimmung mit überwältigenden Mehrheiten abgelehnt.

Auch in den Vereinigten Staaten ist die Totalrevision vorgesehen. In der Unionsverfassung wird allerdings darauf nur indirekt abgestellt, indem der Kongreß auf Antrag von zwei Dritteln der Staatenlegislaturen einen Verfassungskonvent einberufen muß (Artikel V, 2. Halbsatz, der von *amendments* im Plural spricht). Dies ist bisher nicht vorgekommen und auch in der ab-

---

[59]) Das Verfahren ist hier wesentlich vereinfacht dargestellt. Komplikationen ergeben sich, wenn eine der Kammern zwar formell zustimmt, so daß eine Auflösung nicht geboten ist, sich aber darauf verläßt, die Totalrevision dann im nachfolgenden Ausarbeitungsverfahren zu Fall zu bringen; siehe Hughes, a.a.O. S. 134.

sehbaren Zukunft kaum zu erwarten. Dagegen ist die Technik der Einberufung eines Verfassungskonvents zur Schaffung einer völlig neuen Verfassung in allen Einzelstaaten vorgesehen und es wird von ihr umfassender Gebrauch gemacht, wie diese überhaupt ein von der Rechtsvergleichung ungebührlich vernachlässigtes Weltlaboratorium für die Verfassungsänderung darstellen[60]). Seit dem Beginn der Union sind über zweihundert solche Verfassungskonvente abgehalten worden und das Verfahren besteht gegenwärtig noch etwa in dreißig Einzelstaaten. Vielfach ist die Einberufung des Verfassungskonvents mit der Volksinitiative und die entgültige Annahme der ausgearbeiteten Verfassung mit dem Referendum verbunden. Auch bei der Revision einzelner Verfassungsartikel wird von der unmittelbaren Volksbeteiligung starker Gebrauch gemacht, in manchen der neueren Staaten sogar unter völliger Umgehung der häufig von den Interessentengruppen beherrschten Staatenlegislaturen. Das Nebeneinander von Verfassungskonventen und anderen Änderungstechniken mit mehr oder minder erheblichen Erschwerungen führte zu einer paradoxen Entwicklung: In manchen vor allem der älteren Staaten weisen die Verfassungen infolge von Erschwerungsvorschriften eine erstaunliche Änderungsresistenz und damit Lebenszähigkeit auf, in anderen, vor allem neueren Staaten, ist die Verfassungsänderung so sehr zur Routine geworden, daß die Urkunde, kaum ist ihre Tinte getrocknet, mit Einzeländerungen bepflastert wird, die dann im Laufe der Zeit oft in die Hunderte gehen[61]).

Als ein Notventil ist die Einrichtung der Totalrevision theoretisch nicht zu beanstanden. Ihr praktischer Wert mag aber gering sein. Ist nämlich die Unzufriedenheit der Machtadressaten mit ihrer Verfassung so weit gediehen, daß sie eine grundlegende Umgestaltung anstreben oder — der weit häufigere Fall — will eine Gruppe sich der Macht im Staat bemächtigen, ist aber daran durch

---

[60]) Die neueste Darstellung ist W. Brooke Graves, Major Problems of State Constitutional Revision, Chicago 1961.

[61]) Der Staat New York beispielsweise weist seit der Revolutionszeit sechs vollständig neue, durch Verfassungskonvente geschaffene Verfassungen auf, die letzte von 1938, und ist seit einigen Jahren daran, sie wiederum durch eine modernere zu ersetzen. Die Verfassung von Tennessee von 1870 andererseits konnte bis 1935 überhaupt nicht geändert werden. Die Verfassung von Maine von 1819 wurde bis 1955 mit nicht weniger als 81 *amendments* versehen.

das dabei einzuhaltende Verfassungsänderungsverfahren gehindert, so tritt in der Regel ein revolutionärer Verfassungsbruch ein und die neuen Machthaber schneidern sich dann eine Verfassung in der Weise zurecht, daß sie als die legalen Machtträger gelten können. Beispiele aus der allerjüngsten Vergangenheit sind Südkorea, wo die Verfassung von 1948 vom Präsidenten Syngman Rhee derart mißbraucht worden war, daß sie im Frühjahr 1960 dem Volkssturm verfiel, wobei die Verfassungskontinuität dadurch gewahrt wurde, daß ein neugewähltes Parlament selbst zur Totalrevision schritt[61a]). Die Offiziers-Junta dagegen, die 1960 in der Türkei an die Macht gekommen war, beseitigte die Verfassung von 1924 durch einen Staatsstreich und ließ durch eine ernannte Gruppe, die sich fälschlich „Nationalversammlung" heißt, eine neue Verfassung ausarbeiten, die am 14. Juli 1961 einer Volksabstimmung unterstellt wurde. Sie fand aber trotz der Beherrschung des Meinungsbildungsapparats durch die Regierung die Zustimmung von nur 47 Prozent der Wählerschaft, da Stimmenthaltungen und Nein-Stimmen eine Mehrheit bildeten[61b]).

Die „stillschweigende" Verfassungsänderung

Wie früher bemerkt, ist die echte Verfassungsänderung, zum Unterschied von der Verfassungswandlung, stets eine Änderung des Verfassungswortlauts. Dabei sollte es die Regel sein, daß die Änderung an derjenigen Stelle des Textes sichtbar gemacht wird, welche der Änderung unterliegt; denn nur auf diese Weise kann der Leser der Verfassungsurkunde wissen, was geltendes Verfassungsrecht ist und was nicht. In den Vereinigten Staaten aber wurde statt dessen von Anfang an die Methode der Zusatzartikel gewählt, was keineswegs der Übersichtlichkeit und Klarheit dient. Der Zusatzartikel führt weder an, welche Verfassungsbestimmung er abändert noch wird die erfolgte Änderung an der geänderten Textstelle selbst kenntlich gemacht; man weiß also nur, ob ein Verfassungsrechtssatz noch gilt, wenn man auch alle Zusatzartikel

---

[61a]) In unserer raschlebigen Zeit kommt die Berichterstattung sogar zwischen Manuskript und Korrekturfahnen ins Hintertreffen. Nachdem am 15. Mai 1961 der Staatsstreich einer Offiziersclique die legale Regierung gestürzt hatte, erließ sie am darauffolgenden 6. Juni eine Verordnung, betitelt „Gesetz betreffend außerordentliche Maßnahmen zum nationalen Wiederaufbau", welche die Verfassung überhaupt beseitigte.
[61b]) Siehe New York Times vom 16. Juli 1961.

im Kopf hat[62]), was allerdings nicht allzu schwierig ist, da es deren, außer der allgemein bekannten Bill of Rights, ja nicht mehr als dreizehn gibt.

Mag es sich hier vielleicht nur um einen Schönheitsfehler handeln, so litt Weimar unter dem von der Bismarck-Verfassung ererbten Grundübel der sogenannten stillschweigenden Verfassungsänderung, die darin bestand, daß eine Verfassungsnorm zwar ordnungsgemäß im vorgeschriebenen Verfahren der Verfassungsänderung angetastet wurde, die Änderung selbst aber nicht an der entsprechenden Stelle des Verfassungstextes verlautbart war. Die Folge war, daß, als das Jahr 1933 herannahte, der äußerlich geltende Verfassungstext von zahlreichen nicht beurkundeten Änderungen durchsetzt war. Nicht nur wußte man nicht, was vom Verfassungstext noch wirklich galt, sondern es konnte infolge der Entwertung der Verfassung auch kein echtes Verfassungsgefühl aufkommen, weil die jeweiligen Parteimehrheiten in den Gesetzgebungskörperschaften mit der Verfassung nach ihrem leichtfertigen Belieben umspringen konnten, waren dabei nur die verfassungsändernden Verfahrensvorschriften beobachtet worden[63]). Diesem Mißbrauch, eine deutsche Eigentümlichkeit ohne Gegenstück in anderen Verfassungsordnungen, ist unter Bonn (Artikel 79, Abs. 1, Satz 1) ein Ende bereitet worden. Jede Verfassungsänderung muß nunmehr im Verfassungstext selbst verlautbart werden. Damit ist nicht nur die frühere verfassungstechnische Unehrlichkeit ausgeschaltet, sondern auch frivolen Verfassungsänderungen einer Parteimehrheit ein psychologischer Hemmschuh angelegt worden, da die Gesetzgebungskörperschaften sich jetzt zu jeder Verfassungsantastung offen bekennen müssen.

Die Verfassungsdurchbrechung

Im Zusammenhang mit der stillschweigenden Verfassungsänderung ist auch der damit nicht notwendig identischen und gleichfalls auf Deutschland beschränkten Erscheinung der sogenannten Verfassungsdurchbrechung zu gedenken, über das Ströme deutscher

---

[62]) Diese Stellen sind in Loewenstein III, S. 29, Anmerkung 1, aufgeführt.
[63]) Siehe Loewenstein I, S. 30 ff. (über die mittelbare Verfassungsänderung).
[64]) Loewenstein, ebenda, S. 164 ff., 219 ff. und das ganze 6. Kapitel S. 233 ff; Gerhard Leibholz, Strukturprobleme der modernen Demokratie, Karlsruhe 1958, S. 185 ff.; und vor allem Horst Ehmke, Verfassungsänderung und Verfassungsdurchbrechung, Archiv des öffentlichen Rechts, Bd. 79 (1953/54) S. 385 ff.

Gelehrtentinte gegossen wurden[64]). Darauf kann hier im einzelnen nicht eingegangen werden, doch hält der Vortragende dafür, daß es dem Verfassungsgesetzgeber nicht verwehrt werden kann, eine von ihm gesetzte Norm zu „durchbrechen", das heißt, ihre generelle Geltung bestehen zu lassen, aber im wohlerwogenen Einzelfall davon eine Ausnahme zu machen, immer vorausgesetzt, daß die Ausnahme entweder von Anfang an verfassungskräftig angeordnet ist oder, falls sie sich nachher als notwendig erweisen sollte, daß sie im Verfassungstext entsprechend kenntlich gemacht wird.

Verfassungs- und Erschwerungsgesetze

Unter Verfassungsgesetz wird die Regelung einer öffentlich-rechtlichen Materie verstanden, die zwar nicht in der Verfassungsurkunde selbst erfolgt, dem Verfassungsgeber aber von solcher Richtigkeit erscheint, daß er in der Verfassung selbst anordnet, ihre Regelung durch die Gesetzgebung einschließlich ihrer Abänderung müsse sich nach den für die eigentliche Verfassungsänderung geltenden erschwerten Verfahrensvorschriften vollziehen. Solche Verfassungsgesetze kennt beispielsweise die italienische Verfassung von 1948 (Artikel 138, Abs. 1)[65]). Sie stehen systematisch etwa den sogenannten organischen Gesetzen *(lois organiques)* der französischen Verfassungtradition nahe, deren Erlaß und Abänderung einem im Vergleich zur gewöhnlichen Gesetzgebung erschwerten Verfahren unterliegt, wobei allerdings die Erschwerungsanforderungen geringer sind als bei der eigentlichen Verfassungsänderung[66]). Solche Arrangements sind schon um dessentwillen nützlich, weil eine Verfassung selbst nicht alles regeln kann; durch die Technik der Etikettierung als Verfassungsgesetze werden einzelne Materien eben wegen ihrer allgemeinen Wichtigkeit aus der Routine der ordentlichen Gesetzgebung herausgenommen und mit einer erhöhten Bestandsgarantie versehen.

---

[65]) Vgl. Leisner, a.a.O. S. 242 ff.; die wichtigsten darunter, neben den Regionalstatuten, sind die Gesetze über den Verfassungsgerichtshof von 1948 und 1953, eine vorbildliche Regelung, weil damit Stellung und Zuständigkeit dieses wichtigen Verfassungsorgans der Willkür der jeweiligen Parlamentsmehrheiten entzogen ist, denen seine Rechtsprechung unbequem geworden ist oder werden könnte.

[66]) Verfassung von 1958, Artikel 47. Organische Gesetze, die gegenüber den gewöhnlichen Gesetzen eine erhöhte Bestandsgarantie aufweisen, sind in der de Gaulle-Verfassung sehr zahlreich; siehe auch Duverger, a.a.O. S. 620.

Anders aber verhält es sich mit den sogenannten Erschwerungsgesetzen. Sie konnten sich auf Materien irgendwelcher Art beziehen, die nicht notwendigerweise den politischen Prozeß betrafen und nicht einmal verfassungsrechtlicher Natur zu sein brauchten. Bei ihnen schrieb der gewöhnliche Gesetzgeber bei ihrem Erlaß vor, daß sie nur nach Maßgabe des eigentlichen Verfassungsänderungsverfahrens abgeändert werden dürften oder mit anderen Erschwernisbestimmungen versehen sein sollten. Von solchen Erschwerungsgesetzen wurde unter Weimar auf Grund verfassungsrechtlicher Tradition und ohne spezielle verfassungsrechtssatzkräftige Ermächtigung ein nicht unerheblicher Gebrauch gemacht[67]); sie waren aber schon nach Maßgabe von Artikel 32, Abs. 1, verfassungswidrig und sind unter Bonn nicht mehr aufgetaucht.

VII. Grenzen der Verfassungsänderung

Beim Eintritt in den letzten Teil der Erörterung wäre zu sagen, daß es sich bei den Grenzen der Verfassungsänderung um ein altes Problem handelt, das aber in der jüngsten Zeit, nicht zuletzt durch die Willkür, mit der von den Gewaltherrschaften mit den Verfassungen umgesprungen worden war, erhöhte Bedeutung erlangt hat. Um die prägnante Formel des Altmeisters Anschütz zu gebrauchen[68]), handelt es sich darum, ob die Verfassung über dem Verfassungsgesetzgeber oder aber zu seiner Disposition steht. Hier liegt ein weitschichtiger und die demokratischen Grundwerte berührender Fragenkomplex vor.

Sperrfristen

Zunächst: Es kann vom Verfassungsgeber angeordnet werden, daß sein Werk während einer bestimmten Zeitspanne nicht durch Änderungen angetastet werden darf, um der Verfassung das Einspielen und der Nation das Einleben in sie zu ermöglichen. Dieser Gedanke lag schon der außerordentlichen Erschwerung der Verfassungsänderung in den französischen Revolutionsverfassungen

---

[67]) Vgl. die Aufzählung solcher Erschwerungsgesetze in Loewenstein I, S. 15—29 und für einen charakteristischen Einzelfall derselbe, Die Rechtsgültigkeit der Neuregelung der Biersteuerentschädigung, Archiv des öffentlichen Rechts Bd. 13 (1927), S. 234 ff.
[68]) a.a.O. S. 401, 405.

zugrunde. Realistischer geworden, würde man sich heute hüten, die politische Dynamik einzufrieren und damit die Gefahr von auf legale Weise unlösbaren Verfassungsklemmen heraufzubeschwören. Durchaus vertretbar sind aber Abänderungssperrfristen für einzelne Verfassungsbestimmungen, vor allem, wenn ihre Formulierung auf einem nur mühsam erreichten Kompromiß beruht. Dazu gehört etwa das in der amerikanischen Unionsverfassung (Artikel I, Sektion 9, Klausel 1) enthaltene Verbot einer Änderung des *status quo* in der Sklavereifrage auf die Dauer von zwanzig Jahren (bis 1808) oder auch anderwärts eine Bestimmung, die dem zeitweiligen Schutz einer Minderheit dient[69]). In den meisten Fällen sind solche Sperrfristen nicht ohne sachliche Berechtigung.

Unantastbarkeitsbestimmungen

Von weit größerer Bedeutung sind aber neuerdings die sogenannten Unantastbarkeitsbestimmungen einer Verfassung geworden, welche bestimmte Verfassungsnormen der Abänderung überhaupt schlechthin entziehen. Hier sind nun zwei Sachverhalte zu unterscheiden, nämlich einmal Maßnahmen zum Schutze konkreter Verfassungseinrichtungen — „artikulierte" Unantastbarkeit —, zum anderen diejenigen, die, der Garantie bestimmter Grundwerte der Verfassung dienend, nicht notwendigerweise in konkreten Bestimmungen oder Einrichtungen ausgedrückt sein müssen, sondern als der Verfassung „impliziert", „immanent" oder „inhärent' gelten. Im ersteren Fall werden bestimmte Verfassungsnormen durch verfassungsrechtssatzmäßiges Verbot der Änderung entzogen, im letzteren aber ergibt sich das Abänderungsverbot ohne verfassungsrechtssatzmäßige Kundbarmachung aus dem „Geist" oder dem „Telos" der Verfassung.

Der Versuch einer Typologie der artikulierten Unantastbarkeitsbestimmungen würde etwa folgendermaßen aussehen: (1) Der Schutz der republikanischen Regierungsform gegen monarchische

---

[69]) So verbietet die derzeit so stark umstrittene Verfassung von Nordrhodesien von 1956 für gewisse Zeit eine Abänderung der Proportion (9 : 16) in der Vertretung der schwarzen und der weißen Bevölkerung im Parlament, um zu verhindern, daß die weiße Mehrheit den Schlüssel zu ihren Gunsten abändere.

Restauration[70]); das Problem ist heute nicht mehr aktuell, nicht einmal mehr in Italien, wo der Übergang von der Monarchie zur Republik im Referendum von 1946 nur mit einer verhältnismäßig schwachen Mehrheit gutgeheißen worden war. (2) Das in Latein-Amerika nicht seltene Verbot einer Wiederwahl des Präsidenten nach einem oder auch nach zwei Amtsterminen[71]); dadurch soll verhindert werden, daß ein Präsident, der über den staatlichen Machtapparat verfügt, sich dauernd in der Macht eingräbt und zum Diktator wird. (3) Das Verbot der Antastung der demokratischen Regierungsweise; als gebrannte Kinder haben hier die deutschen Länder nach 1945 den Vogel abgeschossen[72]). (4) In das gleiche Kapitel fallen auch die Verbote der Antastung von

---

[70]) So Frankreich, Dritte Republik, Artikel 8 des Verfassungsgesetzes vom 25. Februar 1875 (eingefügt durch Verfassungsgesetz vom 14. August 1884); Verfassung von 1946, Artikel 95; de Gaulle-Verfassung von 1958, Artikel 89; hier wurde auch noch eine Verfassungsänderung verboten, welche der „Integrität des Territorium" Abbruch tut. Die Bestimmung entbehrte von Anfang an der juristischen Präzision und führte beim Übergang der überseeischen (afrikanischen) Besitzungen zur Unabhängigkeit innerhalb der französischen Staatengemeinschaft (cmmunauté) zu erheblichen Schwierigkeiten; trotz der Erleichterung der Strukturänderungen innerhalb der Gemeinschaft, die in Artikel 85 vorgesehen ist, ergaben sich Verfassungseinbuchtungen; siehe Duverger, a.a.O. S. 629 f., S. 765 f. Analoge Schutzbestimmungen gegen die Restauration finden sich in Italien (Verfassung von 1948), Artikel 139, und umgekehrt, gegen die Abschaffung der „demokratischen Monarchie", in Griechenland (Verfassung von 1952, Artikel 108, Abs. 2). In all diesen Fällen kann ein diesbezüglicher Antrag im Parlament überhaupt nicht behandelt werden. Der ganze Fragenkomplex der Unabänderlichkeitsbestimmungen wird von Barthelémy-Duez, a.a.O. S. 227 ff. eingehend behandelt.

[71]) Beispiele: Guatemala (Verfassung von 1945), Artikel 2 und 206, Abs. 3; hier erklärt Artikel 12, Abs. 2 sogar die Volksrevolution für berechtigt, wenn das Verbot verletzt wird; El Salvador (Verfassung von 1886), Artikel 171 (auf Artikel 80—82 verweisend); das in der Kuomintang-Verfassung der chinesischen Republik von 1947 (heute gültig lediglich für Taiwan-Formosa), Artikel 47 enthaltene Verbot einer dritten Amtsperiode des Präsidenten ist zugunsten des Diktators Chiang-Kai-scheck im Jahre 1960 unverblümt mißachtet worden.

Über die Verfassungsänderungen in Latein-Amerika im allgemeinen belehrt die sehr nützliche Zusammenstellung in José Miranda, Reformas y Tendencias Constitucionales de la America Latina (1945—1956), Mexico 1957.

[72]) Beispiele: Baden, Artikel 92; Bayern, Artikel 75, Abs. 1; Hessen, Artikel 150 (hier wird sogar die Aufrichtung einer Diktatur ausdrücklich verboten); Rheinland-Pfalz, Artikel 174 und 129 in Verbindung mit der Präambel. Rheinland-Pfalz tut ein Übriges und macht sogar die Bestimmungen über die Verfassungsänderung selbst unabänderlich (Artikel 129, Abs. 3)!

Grundrechten[73]). (5) Die bundesstaatliche Struktur[74]). Das in der amerikanischen Bundesverfassung (Artikel V) (am Ende) enthaltene Verbot, daß keinem Staat ohne seine Zustimmung die gleiche Vertretung im Senat entzogen werden darf, gehört allerdings nicht hierher; es ist keine echte Unantastbarkeitsbestimmung, da nach der herrschenden Meinung nichts im Wege stünde, diese Bestimmung durch Verfassungsänderung überhaupt zu entfernen, womit allerdings auch die Ausbootung der Bestimmung (Artikel I, Sektion 3, Klausel 1) verbunden werden müßte, wonach jeder Staat im Senat durch zwei Senatoren vertreten ist. Die Frage ist völlig akademisch. (6) Gelegentlich finden sich auch allgemein gefaßte Verbote von Änderungen, welche dem „Geist der Verfassung" widersprechen[75]).

Unter den Verfassungen aller modernen Großstaaten geht keine in der Aufstellung von Unantastbarkeitsbestimmungen so weit als das Bonner GG. Artikel 79, Abs. 3[76]), erklärt Verfassungsänderungen, durch welche „die Gliederung des Bundes in Länder, die grundsätzliche Mitwirkung der Länder bei der Gesetzgebung oder[77]) die in Art. 1 und 20 niedergelegten Grundsätze berührt werden", für schlechthin unzulässig. Was die bundesstaatliche Struktur ist, läßt sich wohl einigermaßen präzis definieren, wenn man sich klar darüber ist, was heute überall mit dem Föderalismus passiert, der sich selbst in so bewußt föderativen Ländern wie in der Schweiz einem unaufhaltsamen Schrumpfungsprozeß ausgesetzt

---

[73]) Beispiele: Hessen, Artikel 26; Bremen, Artikel 20; Rheinland-Pfalz (wie in der vorigen Anmerkung).

[74]) Vgl. Brasilien (Verfassung von 1891), Artikel 90, § 4 (Schutz der republikanisch-föderativen Regierungsform und des Rechts der Staaten auf gleiche Vertretung im Senat); (Verfassung von 1946), Artikel 217, § 6; Australien (Verfassung von 1900), Artikel 128, Abs. 6.

[75]) Norwegen (Verfassung von 1814), Artikel 112; Griechenland (Verfassung von 1952), Artikel 108; hier werden die Totalrevision und die Antastung der Normen, die sich auf die demokratische Monarchie beziehen, ausdrücklich verboten und, da doppelt genäht besser hält, alle „grundsätzlichen" Bestimmungen für irrevisibel erklärt. Dazu wäre anzumerken, daß Griechenland, zusammen mit Frankreich, den europäischen Rekord in der Zahl seiner Verfassungen hält.

[76]) Siehe Theodor Maunz, Deutsches Staatsrecht, 9. Aufl., München 1959, S. 191 ff., Friedrich Karl Fromme, Von der Weimarer Verfassung zum Bonner Grundgesetz, Tübingen 1960, S. 177 ff.

[77]) Es sollte wohl richtiger „und" heißen.

sieht[78]).Doch das reichlich elastische Grundrecht der Menschen-
würde in Artikel 1 oder die vagen Verallgemeinerungen, um nicht
zu sagen, Gemeinplätze des Artikels 20 in ihrer jungfräulichen
„Unberührtheit" zu erhalten, stellt an die obersten Bundesgerichte,
vom Gesetzgeber ganz zu schweigen, so erhebliche Auslegungsan-
forderungen, daß man sich füglich fragen muß, ob der Verfassungsgesetzgeber sie damit nicht überfordert hat. Man vergegenwärtige
sich, daß der Artikel zu tun sich vornimmt: Nicht nur ist die
Bundesrepublik als ein demokratischer und sozialer Rechtsstaat
determiniert, wobei demokratisch eindeutig, sozial aber als un-
bestimmter Rechtsbegriff vieldeutig ist; darüber hinaus garantiert
der änderungsimmune Artikel 20 in seinen Absätzen 2 und 3 auch
die theoretisch so stark umstrittene Einrichtung der „Gewaltenteilung". Kann man realistischer — und ehrlicherweise — sagen,
daß in einem Staat, in dem eine einzelne Partei die absolute
Mehrheit meist in den beiden Häusern hat, in dem also das
Parlament nur ein Instrument der Parteiregierung ist, die Ge-
waltenteilnug in einem über das bloß Formale hinausgehenden
Sinn herrschte? Verfassungsrecht und Verfassungsrealität klaffen
hier so drastisch auseinander, daß die Schutzgarantie sich als reine
Semantik auswirkt; rechtsnormologisch bedeutet sie also rein gar
nichts[79]). Nicht viel besser ist es mit dem gleichfalls revisions-
immunen Begriff der Rechtsstaatlichkeit bestellt. Es wäre absurd,
anzunehmen, der zukünftige Verfassungsgesetzgeber würde sich
durch eine Verfassungsänderung einen Frontalangriff gegen die
„Rechtsstaatlichkeit" erlauben. Das unterstehen sich nicht einmal
die ausgepichtesten Diktatoren. Aushöhlungen der Rechtsstaatlichkeit vollziehen sich eben in der Verfassungsverbiegung und
Verfassungsumgehung. Kurz und gut: Von den Unantastbarkeits-

---

[78]) Siehe Loewenstein II, S. 296 ff., 318 ff.; für die Vereinigten Staaten
derselbe III, S. 116 ff.; für die Schweiz der oben in Anmerkung 32 angeführte Aufsatz von Schindler.

[79]) In diesem Zusammenhang kann mit Fug die Frage aufgeworfen werden,
ob die Abschirmung gewisser völkerrechtlicher Verträge gegen das Verfas-
sungskonformitäts-Prüfungsrecht und die entsprechende Prüfungspflicht des
Bundesverfassungsgerichts, wie sie Artikel 142 a für die Londoner und Pariser
Verträge vorgenommen hatte und die dann generell in Artikel 79, Abs. 1,
Satz 2 eingebaut wurde, nicht einen unzweideutigen Verstoß in den nach
Artikel 79, Abs. 3 für unantastbar erklärten Grundsatz der Gewaltenteilung
des Artikels 20 darstellt; siehe Loewenstein, DÖV 1954, S. 385 ff. und
Ehmke ebenda, 1956, S. 449 ff. sowie Maunz, a.a.O. S. 192.

46

bestimmungen Bonns läßt sich bedauernd sagen: Sie sind sicherlich gut gemeint, aber *qui trop embrasse mal étreint.*

Allgemein wäre von den in eine Verfassung eingebauten Unantastbarkeitsbestimmungen zu sagen, daß sie zwar in normalen Zeiten ein nützliches rotes Licht gegen änderungslüsterne Parlamentsmehrheiten aufstecken mögen — und erfahrungsgemäß besteht nicht einmal dafür eine absolute Garantie —, daß sie damit aber keinesfalls revolutionsimmun geworden sind[80]). Im Normalablauf der politischen Dynamik mögen sie einigermaßen standhalten, in Krisenzeiten sind sie ein Fetzen Papier, den der Wind der politischen Wirklichkeit wegfegt. Wenn in Latein-Amerika ein Präsident sich zum Diktator machen will, hebt er die Verfassung, die ihm die Wiederwahl verbietet, einfach durch Staatsstreich auf und schreibt sich eine neue, die ihm die unbeschränkte Macht „legal" überträgt. Sollten die Griechen, wie dies im letzten halben Jahrhundert öfters vorgekommen ist, ihrer Monarchie müde werden, bietet die Nicht-Revisibilität der monarchischen Staatsform absolut kein Hindernis. Und das zur Rechtfertigung der Abschirmungsbestimmungen in Artikel 79 des Grundgesetzes angeführte Argument, damit wäre die „legale" Machtergreifung à la Hitler unmöglich gemacht, ist völlig abwegig, da die Nationalsozialisten die Weimarer Verfassung nicht etwa „änderten", sondern sie zerbrachen und dann beseitigten.

Die immanenten Grenzen der Verfassungsänderung

Weit interessanter, aber auch weit komplizierter sind aber die Grenzen der Verfassungsänderung, die sich aus der Immunität gewisser einer Verfassung implizierter, immanenter oder inhärenter ideologischer Grundwerte ergeben. Im Gegensatz zu den in der Verfassung selbst niedergelegten Schranken könnte man hier von nicht-artikulierten oder stillschweigenden Grenzen sprechen. Um was es hier geht, ist letztlich eine in Abwehr des in den zwanziger Jahren und lange vorher herrschenden Rechtspositivismus

---

[80]) Siehe Karl Loewenstein, Verfassungsrecht und Verfassungsrealität, Archiv des öffentlichen Rechts, Bd. 77 (1951/52), S. 429 ff. und die bei Fromme, a.a.O. S. 181 angeführte Ansicht des Abgeordneten Dr. Katz nachher Vizepräsident des Bundesverfassungsgerichts) im Parlamentarischen Rat, wonach die Abschirmungsvorschriften des Artikels 79 nicht mehr seien als unwirksame Verbote von Revolutionen und Staatsstreichen.

besonders der Wiener Kelsen-Schule unternommene Wieder-
belebung des Naturrechts. Auf eine kurze Formel gebracht: Gibt
es verfassungswidrige Verfassungsnormen[81]), deren Verfassungswidrigkeit daraus entspringt, daß der Verfassungsgesetzgeber die
ihm von den Grundwerten einer Verfassung immanent auferleg-
ten inneren Schranken überschreitet? Das Bundesverfassungsgericht
hat sich der naturrechtlichen Immanenztheorie dadurch angeschlos-
sen, daß es eine Hierarchie oder Werteskala der im GG enthaltenen
Verfassungsnormen[82]) und damit immanente, nicht artikulierte
Grenzen der Verfassungsänderung anerkennt[81]). Die Arena, in der
sich solche Konflikte um den ideologischen Grundgehalt einer Verfassung abspielen, sind in der Mehrzahl der möglichen Anwen-
dungsfälle die Grundrechte. Um einen extremen Fall zu kon-
struieren: Wäre es verfassungwidrig, wenn der Verfassungsgesetzgeber eine förmliche Ausnahme vom Gleichheitssatz des Artikels 3
GG machte — durch Einfügung eines Absatzes 4 dortselbst —, wonach die vorstehenden Bestimmungen nicht für Rothaarige gelten
sollen? Während der Vortragende sich nicht entschließen kann,
eine Selbstdurchbrechung der Verfassung durch Ausnahme für
konkrete Rechtsverhältnisse oder Tatbestände als schlechthin unzulässig zu verbieten[83]), wäre eine derartige Verfassungsnorm in
solchem Widerspruch mit dem Gleichheitssatz und mit den Ge-
fühlen der überwältigenden Mehrheit des Volkes — von den be-
troffenen Rothaarigen ganz zu schweigen —, daß man von einer
prima facie inhärenten Verfassungswidrigkeit sprechen müßte.

Aber das Problem der Grundrechte und der immanenten Verfassungswidrigkeit ihrer Antastung durch Ausnahmen — außer
wo sie der Verfassungsgeber selbst aus wohlerwogenen Gründen
mit der üblichen Einschränkungsformel „durch ein Gesetz" zuge-

---

[81]) Das außerordentlich umfangreiche Schrifttum ist bei Maunz, a.a.O.
S. 216/17 aufgeführt. Siehe Otto Bachof, Verfassungswidrige Verfassungs-
normen, Tübingen 1951; Gottfried Dietze, Unconstitutional Constitutional
Norms, Virginia Law Review, Bd. 42 (1956), S. 1 ff. Rechtsvergleichendes
Material zur Frage auch bei Linares Quintana, a.a.O. Bd. II, S. 143 ff.

[82]) Entscheidungen Bd. 1, S. 14 ff. und Bd. 3, S. 325; siehe auch die
gleichgelagerten Entscheidungen des Bayerischen Verfassungsgerichtshofs vom
16. Juni 1950 (VGH n.F. 3 II 28) und vom 24. Oktober 1958, Juristenzeitung 1959, S. 310; dazu Maunz, a.a.O. S. 230 f.

[83]) Über solche Selbstdurchbrechungen der Weimarer Verfassung siehe
Loewenstein I, S. 246 ff.

lassen hat —, liegt tiefer. Es läuft letzlich darauf hinaus, ob die Grundrechte — oder besser, die Menschenrechte — vom Menschen mit seiner Geburt in die Staatsgesellschaft eingebracht und daher als eine natürliche Ausrüstung unverbrüchlich und unveräußerlich *(inaliennable)* sind oder ob sie ihm erst auf Grund der Gemeinschaftsordnung von der Staatsgesellschaft gewährt und daher von dieser auch eingeschränkt oder in ihrem Anwendungsumfang bestimmt werden können. Darin liegt offenbar das Kardinalproblem der Grundrechte und ihrer Immunität gegen Verfassungseingriffe, das über den bloßen Verfassungsschutz oder die Verfassungsgarantie hinausgeht. Was hier vorliegt, ist aber kein Rechtsproblem, sondern vielmehr eine Glaubensfrage, die rational nicht argumentierbar ist, auch wenn sie aus praktischen Notwendigkeiten des Zusammenlebens in der menschlichen Gemeinschaft rechtsförmlich eingekleidet ist. Im angelsächsischen Rechtskreis, wo die Verfassung samt den Grundrechten von der Naturrechtsphilosophie der Aufklärungszeit geformt worden ist, wurde die Entscheidung dahin getroffen, daß die Grundrechte in dem damals üblichen Umfang —, der nichts vom „Grundrecht" auf Arbeit oder auf Koalitionsfreiheit wußte —, die natürliche Ausstattung eines jeden Menschen darstellen, die ihm von der die Gesellschaft repräsentierenden Staatsmacht nicht entzogen oder beeinträchtigt werden kann. Von diesem Geist war die amerikanische Verfassung von Anfang an durchdrungen, und er ist auch heute noch in ihr lebendig[84]. Bei den Engländern steht es nicht anders, wenn auch dort die ideologische Komponente weniger sichtbar ist. Die Franzosen andererseits, die ja an der Ausgestaltung der Grundrechte kaum weniger beteiligt waren als die Engländer und Amerikaner, versuchen dem Dilemma durch die Unterscheidung der Volkssouveränität *(souveraineté du peuple)* von der Nationalsouveränität *(souveraineté de la nation)* beizukommen[85], mit der Folge, daß Umfang und Tragweite der Grundrechte von der Nation durch ihre Repräsentanten bestimmt werden. Die Struktur der Theorie ist an sich logisch, würde aber der Willkür der Repräsentanten, eingekleidet als *raison d'état*, Tür und Tor öffnen, wäre sie nicht durch die naturrechtlichen Prämissen gebändigt.

---

[84] Edward S. Corwin, The „Higher Law" Background of American Constituional Law, Harvard Law Review, Bd. 42 (1928/29), S. 149, 365 ff.

[85] Siehe Duverger, a.a.O. S.34/35.

Aber die angelsächsische Auffassung von der Unabdingbarkeit der Grundrechte und die französische von ihrer Konkretisierung durch den Allgemeinwillen werden im praktischen Endeffekt doch zur Kongruenz gebracht. Auch in England und in den Vereinigten Staaten müssen sich die Grundrechte Einschränkungen im Interesse des Gemeinschaftslebens gefallen lassen. Dies ist von der Rechtsprechung des amerikanischen wie derjenigen des britischen Rechtskreises immer anerkannt worden. Selbst wenn Freiheit und Gleichheit aus dem Naturzustand in die Staatsgesellschaft eingebracht worden sind, sind sie in ihrer Ausübung den Bedingungen des Gemeinschaftslebens unterworfen; sie sind daher relativ und nicht absolut[86]). In der Abgrenzung der Individual- von den Kollektivinteressen, was seine nie endende Hauptaufgabe darstellt, ist der Oberste Gerichtshof immer davon ausgegangen, daß es absolute Freiheitsrechte nicht gibt und in einer integrierten Gemeinschaftsordnung auch nicht geben kann. Dabei hat sich in neuerer Zeit, und nicht ohne Widerspruch von seiten einzelner seiner Mitglieder, die Lehre von der sogenannten Vorzugsstellung *(preferred position)* der im Ersten Zusatzartikel enthaltenen vier General- oder Übergrundrechte, der Freiheit des Bekenntnisses, der Meinung und Presse, der Versammlung und der Petition herausgebildet[87]), nach welcher die Beweislast dafür, daß ein Eingriff in sie vernünftig ist, dem Gesetzgeber oder der ihn vornehmenden Behörde überbürdet ist. Diese Differenzierung innerhalb des Grundrechtskatalogs hat eine gewisse Ähnlichkeit mit der von den deutschen Obergerichten aufgestellten Doktrin von der Hierarchie der Verfassungsnormen, die aber nicht dahin verstanden werden sollte, daß aus ihr die Verfassungswidrigkeit von Verfassungsnormen abgeleitet werden könnte. Das Problem der verfassungswidrigen Verfassungsnormen ist in den Vereinigten Staaten, zumindest in der Union selbst, niemals aufgetaucht, und zwar nicht nur, weil Verfassungsänderungen praktisch so überaus selten sind, sondern weil eine Beschränkung des Verfassungsgesetzgebers dem amerikanischen Rechtsdenken völlig fremd ist. Wenn der Oberste Gerichtshof sich damit zu beschäftigen Veranlassung hatte, wurde die Frage der Verfassungskonformität immer

---

[86]) Loewenstein III. S. 481 ff.
[87]) Beispielsweise Thomas v. Collins, 323 U.S. 516 (1944) und Kovacs v. Cooper, 336 U.S. 77 (1949).

als eine politische, das heißt nicht justiziable Angelegenheit behandelt[88]).

Die Kontroverse in der Schweiz

Dagegen hat die Frage der immanenten Beschränkungen des Verfassungsgesetzgebers in neuerer Zeit auch die Gemüter der Schweizer Eidgenossen bewegt. Dabei wäre vorauszuschicken — was manchen der Zuhörer in einiges Erstaunen versetzen könnte, und von den Schweizern selbst nicht gerne gehört wird —, daß die Schweiz, die von allen Ländern seit den alten Griechen die Demokratie am stärksten institutionalisiert hat, seit etwa dem ersten Weltkrieg, vielleicht etwas drastisch ausgedrückt, in einer Art Verfassungsanarchie lebt. Dies hat seinen Grund in zwei dort gebräuchlichen Verfassungstechniken[89]). Einmal ist das im ersten Weltkrieg unter dem Zwang der Verhältnisse aufgekommene Vollmachtenregime, das den Bundesrat zur Regelung wichtiger Lebensverhältnisse auf dem Verordnungswege ermächtigte, auch in Friedenszeiten fortgesetzt worden, wobei die verfassungsmäßigen Rechte von Parlament und Volk zu kurz kamen, von bedenklichen Minderungen der Individualgarantien nicht zu reden. Zum anderen kennt die Schweizer Bundesverfassung die Einrichtung der sogenannten dringlichen Bundesbeschlüsse, mit deren Hilfe der Bundesrat gemeinsam mit der Bundesversammlung Regelungen vornehmen kann, bei denen eine Stellungnahme des Volkes im Referendum ausgeschlossen ist; hier kommt also das Volk zu kurz, und oft genug fehlte das Dringlichkeitserfordernis. Aber das Verfahren war natürlich den Bundesbehörden bequem. Mehrmals liefen Volksinitiativen vergeblich Sturm wider diese dem Geist der Verfassung widersprechende Verkürzung der Volksrechte, bis es schließlich einem neuerlichen Volksbegehren „zur Rückkehr

---

[88]) Ein im Jahre 1861 vom Kongreß angenommener und den Staaten unterbreiteter Zusatzartikel wollte jede zukünftige Verfassungsänderung verbieten, die in die inneren Verhältnisse der Staaten eingriffe, wurde aber durch den Ausbruch des Sezessionskrieges überholt, der gerade darum ging. Mit den gegen den XVIII. Zusatzartikel (Prohibition) und gegen den XIX. Zusatzartikel (Frauenstimmrecht) gerichteten Bedenken wegen angeblicher Verfassungswidrigkeit machte der Oberste Gerichtshof kurzen Prozeß, siehe Rhode Island v. Palmer, 243 U. S. 350 (1920) und Lesser v. Garnett, 259 U.S. 130 (1922). Vgl. auch Lester B. Orfield, The Amending of the Federal Constitution, Chicago 1942, S. 9 ff. und Linares Quintana, a.a.O., Bd. II, S. 146 ff.

[89]) Vgl. auch die in Anmerkung 32 zitierten Abhandlungen von Schindler und Nef.

zur direkten Demokratie" im Jahre 1949 gelang, den Mißbrauch abzustellen. Das Ergebnis der Volksabstimmung war der neue Artikel 89 *bis* der Bundesverfassung, der insofern ein Unikum der modernen Verfassungsgeschichte darstellt, als er verfassungsoffiziell anerkennt, daß es verfassungswidrige Bundesbeschlüsse gibt[90]). Nach der Novelle ist zwar von den dringlichen Bundesbeschlüssen nicht Abstand genommen, was man als eine Art Notrecht rechtfertigen mag. Aber auf jeden Fall ist ihre Geltungsdauer befristet, indem solche, die „verfassungskonform" sind, außer Kraft treten, wenn ihrethalber eine Volksinitiative in Gang gesetzt wird. Nicht verfassungskonforme dringliche Bundesbeschlüsse aber verlieren ihre Gültigkeit, ohne daß es dazu einer Initiative bedürfte, wenn sie nicht innerhalb eines Jahres von Volk und Ständen gebilligt werden.

In den Rahmen dieser Kämpfe um das verfassungskorrekte Verhalten der Bundesbehörden einschließlich des Bundesparlaments sind nun die neuerlichen Bedenken einzupassen, ob das souveräne Volk in der Ausübung seiner verfassungsgesetzlichen Initiativbefugnisse durch immanente Schranken der Verfassung gehemmt oder beschränkt ist. Den offenbaren Anstoß der verfassungsdogmatischen Kontroverse bildeten zwei Volksbegehren: Die Initiative Chevalier (1954), von linksgerichteten Initatianten in Gang gesetzt, wollte den Rüstungsausgaben der Schweiz bestimmte Beschränkungen auferlegt wissen. Die sogenannte Rheinau-Initiative (1952), die von Naturfreunden ausging, um zu verhindern, daß die berühmten Rheinfälle verschandelt würden, wollte eine von der Kantonsregierung in Schaffhausen einer Privatgesellschaft erteilte Konzession zum Bau eines Elektrizitätswerkes rückgängig

---

[90]) Der einschlägige Absatz 2 des Artikels 89 bis lautet: „Die sofort in Kraft gesetzten Bundesbeschlüsse, w e l c h e s i c h n i c h t a u f d i e V e r f a s s u n g s t ü t z e n (Hervorhebung nicht im Originaltext) müssen innert Jahresfrist nach ihrer Annahme durch die Bundesversammlung von Volk und Ständen genehmigt werden, andernfalls treten sie nach Ablauf dieses Jahres außer Kraft und können nicht erneuert werden." Dem Verfasser wurde von zuständiger Schweizer Seite gesagt, diese unglückliche Fassung sei in der ursprünglichen Initiative enthalten gewesen und hätte daher bei der Unterstellung unter das Referendum unverändert beibehalten werden müssen. Zum Verständnis mag beigefügt werden, daß die Bundesversammlung die Verwerfung der Initiative empfohlen hatte und im Hinblick auf die Unklarheit der Initiative und ihre mangelhafte Formulierung auch mit der Verwerfung gerechnet hätte.

gemacht wissen. In beiden Fällen hatte das Volksbegehren genügend Unterschriften gefunden, um vom Stapel gelassen zu werden, war auch vom Bundesrat zugelassen worden, wurde aber sowohl von der Bundesversammlung wie in der nachfolgenden Volksabstimmung mit überzeugenden Mehrheiten verworfen[91]). Beide Initiativen waren als Verfassungsänderungen eingekleidet. Gegen die Rüstungsbeschränkungsinitiave wurde geltend gemacht, die Nationalverteidigung sei Sache des Bundesrats und der Bundesversammlung, das Volk sei dafür verfassungsmäßig nicht zuständig. Die Rheinau-Initiative wurde mit dem Argument bekämpft, es handele sich bei der Konzessionserteilung um einen Verwaltungsakt, der von den nach der Verfassung zuständigen Kantonsbehörden ordnungsgemäß vorgenommen worden sei, und das Volk könne sich nicht eine von der Verfassung nicht vorgesehene Verwaltungszuständigkeit beilegen.

Man wird kaum umhin können, in beiden Fällen den gegen die Zulässigkeit der Initiative erhobenen Bedenken erhebliches Gewicht zuzuerkennen, da die eine in den von der Bundesverfassung, die andere in den von der Kantonsverfassung festgelegten Jurisdiktionsbereich eines anderen Staatsorgans eingreifen wollte. Die Angelegenheit gab zu einer weit ausgreifenden Diskussion auf einer höheren Ebene Anlaß[92]), nämlich ob das souveräne Volk mittels Initiative und Referendum einer Verfassungsänderung jeden

[91]) Die Chevalier-Initiative lief offiziell als „Volksbegehren zur Rüstungsfinanzierung und zum Schutze der sozialen Errungenschaften." Der ablehnende Bericht des Bundesrats findet sich im BBl. 1954 I, S. 432ff.; siehe auch ebenda, S. 61, 639, 655. Die Rheinau-Initiative wollte den Abs. 2 des Artikels 24 bis — der Artikel stellt die Nutzbarmachung der Wasserkräfte unter die Oberaufsicht des Bundes — durch eine Auflage zum Schutze der Naturschönheiten ergänzen, wobei eine Übergangsbestimmung die lange vorher von den Kantonsbehörden erteilte Konzession zum Bau des Kraftwerkes aufgehoben hätte. Trotzdem der Bundesrat in seinem Bericht (BBl. 1952 I, S. 721 ff.) aus sachlichen Gründen die Ablehnung des Volksbegehrens in der nachfolgenden Volksabstimmung empfahl, hatte er das Volksbegehren als solches zugelassen, wobei er die bemerkenswerte Feststellung machte (ebenda S. 751): „Denn die Demokratie ist die Staatsform des Vertrauens in die Einsicht und den guten Willen des Volkes."

[92]) In ihr tat sich vor allem der angesehene Zürcher Verfassungsjurist Werner Kägi hervor; siehe Rechtsfragen der Volksinitiative und Partialreform, Zeitschrift für Schweizerisches Recht, Bd. 75 (1956), S. 740 a ff.; derselbe, Gefahren in der Entwicklung der direkten Demokratie, Neue Zürcher Zeitung Nr. 1734 vom 16. Juni 1956; Hans Huber, Die Schranken der Verfassungsrevision, ebenda, Nr. 129 vom 15. Januar 1955.

beliebigen Inhalt geben könne oder ob dem Volk als Verfassungsgesetzgeber sachlich auch inhaltliche Schranken gesetzt seien. Auch
hier läuft die Frage darauf hinaus: Gibt es verfassungswidrige Verfassungsnormen?

Diese verfassungstheoretische Frage kann allerdings nicht in
einem politischen Vakuum beurteilt werden. Hier kommen die
eingangs dieser Erörterung angeführten Spannungen zwischen dem
Volk und den Bundesbehörden ins Spiel. Die Regierungsbürokra-
ten in Bern sind genau so machtbewußt und eifersüchtig auf
Machtrivalen wie anderswo. Da Bundesrat und Bundesversammlung
politisch immer zusammenspielen, wurde die Volksinitiative in der
Schweiz in neuerer Zeit vielfach von der parteipolitischen Opposi-
tion als ein Korrektiv der Politik der allmächtigen Koalition Bundesrat und Bundesversammlung benutzt, was an sich in einem
demokratischen Verfassungsstaat durchaus berechtigt und meist
nützlich ist. Ohne den Volksdruck wäre die mißbräuchliche Ver-
wendung der dringlichen Bundesbeschlüsse nicht abgeschafft
worden.

Im Verlaufe der Diskussion kristallisierten die Verfassungsdogmatiker eine Reihe von immanenten Schranken heraus, die sich
dem *pouvoir constituant* des Volkes entgegenstellen würden: Die tatsächliche Unmöglichkeit der Durchführung einer
Partialreform, die Gefährdung der nationalen Existenz etwa durch
Beschneidung des Verteidigungspotentials, die Antastung der
Rechtsstaatlichkeit, der demokratischen Grundordnung, der Freiheitsrechte, insbesondere soweit der Gleichheitssatz und die Men-
schenwürde beeinträchtigt würden, die föderalistische Grundordnung. Alle diese „Grundwerte" sollen eine Schranke der Verfassungsänderung bilden, die natürlich auch dann besteht, wenn der
Anstoß zum Eingriff von den Bundesbehörden ausginge.

Die Annahme liegt vielleicht nicht allzu ferne, daß diese Bedenken gegen die schrankenlose Verfügungsmacht des souveränen
Volkes über seine Verfassung vom Bonner Grundgesetz inspiriert
sind, will man boshafterweise nicht so weit gehen zu meinen, die
Eidgenossen seien verfassungsdogmatisch von den deutschen Nach-
barn angesteckt worden, zu deren blinder Nachahmung sie sonst
wenig geneigt sind. Was die Bundesrepublik verfassungskräftig im
dritten Absatz des Artikels 79 verankert hat, soll in der Schweiz
durch Verfassungsanalogie auch ohne ausdrücklichen Verfassungs-

rechtssatz in die Verfassung hinein- oder aus ihr herausgelesen werden. Wie dem auch sei, die Bedenken gegen die schrankenlose Ausübung des *pouvoir constituant* erscheinen jedenfalls in den folgenden Fällen begründet: Eine Volksinitiative ist unzulässig, die in sich widerspruchsvoll ist und somit die mit ihrer Ausführung beauftragten Bundesbehörden in die Unmöglichkeit versetzt, sie praktisch zu realisieren. In dem besonderen Fall der Schweiz, welche die Totalrevision eingeführt hat, können kumulierte Partialrevisionen nicht zum Zweck einer verschleierten Totalrevision benutzt werden. Weiterhin unzulässig wäre eine Verfassungsinitiative, die den Bestand der Eidgenossenschaft und damit ihre Verfassung gefährdet. Schließlich: Eine Volksinitiative kann keinen Eingriff im Einzelfall in die verfassungsrechtliche Verteilung der Zuständigkeiten unter den Staatsorganen vornehmen, sie kann also nicht etwa einen richterlichen Akt oder eine Verwaltungsmaßnahme im Wege der einzelfallmäßigen Verfassungsdurchbrechung zum Gegenstand haben, wenn gleichzeitig die bestehende Zuständigkeitsverteilung weitergelten soll[93]).

Im übrigen will es dem Vortragenden als Außenseiter scheinen, als ob die eidgenössischen Verfassungsdogmatiker den gesunden Menschenverstand und die politische Reife ihrer Landsleute unterschätzen, und daß sie auch, was den Normalablauf des politischen Prozesses in ihrem Land betrifft, die Gefahren einer Überspannung der Volksrechte überschätzen. Gerade die langjährige Erfahrung ihres eigenen Landes zeigt das folgende den Skeptiker überaus beruhigende Bild: In der Zeit von 1874 bis 1952 wurden einerseits von 48 von der Bundesversammlung vorgeschlagenen Verfassungsänderungen nicht weniger als 38 vom Volk angenommen und nur 10 verworfen, während andererseits von den 50 Volksinitiativen 36 von der Wählerschaft oder den Ständen verworfen wurden und nur 14 erfolgreich waren[94]). Überdies sorgt die föderalistische Komponente in der Verfassungsänderung dafür, daß, falls die Wählerschaft der Industriegegenden zu stark vorprellen sollte, die bedächtigeren Bauernkantone die Bremse anziehen. Dazu

---

[93]) Dementsprechend verbietet beispielsweise die Verfassung des Kantons Glarus von 1887, nach erschöpfender Aufzählung der Zuständigkeiten der Landsgemeinde in Artikel 35, Ziffern 1—8, im letzten Absatz des Artikels ausdrücklich Eingriffe in Urteile und Verwaltungsakte, welche die Kantonsbehörden im Rahmen ihrer Zuständigkeiten vorgenommen haben.

[94]) Siehe Livingston, a.a.O. S. 183 und die Tabellen auf S. 185 und 187.

kommt noch ein weiteres: Der politische Prozeß in der Schweiz hat sich dahingehend entwickelt, daß die Bundesversammlung, auch ohne von der Verfassung dazu berufen worden zu sein, sich zu ihrem Hüter gemacht hat. Wenn sie von sich aus eine ihr unangemessen erscheinende Initiative ablehnt, ehe sie zum Volksentscheid geht, findet sie bei der Wählerschaft aufmerksames Gehör. *Prima facie* verfassungswidrige Initiativen werden überdies vom Bundesrat, der mit ihrer Durchführung betraut ist, von vornherein nicht zugelassen. Es sind also durch Verfassungsbrauch solche Kautelen in den politischen Prozeß eingebaut, daß manche Schweizer weniger Angst vor dem Volk oder, was dasselbe ist, mehr Vertrauen zu seiner Vernunft haben sollten.

Im übrigen ließen sich alle echten Bedenken dadurch ausräumen, daß man in der Schweiz den Stier bei den Hörnern packte und sich entschlösse, die Verfassungsgerichtsbarkeit im vollen Umfang einzuführen. Daß die Bundesverfassung vielfach reformbedürftig ist, wird von den maßgebenden Verfassungsrechtlern nicht bestritten[95]. Der Bund hat zwar verfassungsmäßig die Gewährleistung der Kantonsverfassungen übernommen[96], wodurch eine in der Praxis genauestens durchgeführte Überprüfung ihrer Verfassungsmäßigkeit ermöglicht ist, aber gegenüber den Bundesgesetzen selbst besteht in der Schweiz keinerlei, auch kein gerichtliches Prüfungsrecht. Sollte wirklich das dringende Bedürfnis vorliegen, möglicherweise verfassungswidrigen Volksinitiativen vorzubeugen, so wäre die Errichtung eines Verfassungsgerichts, für welches das Lausanner Bundesgericht bestens qualifiziert wäre, die klarste und zweckmäßigste Lösung.

VIII. Postkript: Über das Verfassungsgefühl

Versucht man nun, das hier vorgelegte Material mit gewissen allgemeinen Schlußfolgerungen abzurunden, so wäre nochmals zu betonen, daß jede geschriebene Verfassung, wie jedes Menschenwerk, nicht nur an sich unvollkommen ist, sondern daß diese Un-

---

[95] Vgl. den lehrreichen Entwurf einer neuen Bundesverfassung, den der bekannte Baseler Staatsrechtslehrer Max Imboden mit seinen Studenten ausgearbeitet hat: Die Bundesverfassung — wie sie sein könnte, Basel 1959; Der Entwurf zieht vielfach Nutzen aus den moderneren Lösungen des deutschen Grundgesetzes.

[96] Artikel 5, 6, 85, Nr. 7 und 102, Nr. 2.

vollkommenheit dadurch verstärkt wird, daß jede Verfassung nicht mehr ist als ein Kompromiß der bei ihrer Gestaltung mitwirkenden Pluralgruppen und Sozialkräfte. Ändert sich deren Gleichgewichtslage, so wird auch die Verfassung änderungsbedürftig. Eine Verfassung ist um so besser, je leichter Wandlungen in der Sozialstruktur ohne Änderung der Mechanik des politischen Prozesses von ihr vollzogen werden können. Darin liegt das Geheimnis der Standfestigkeit der amerikanischen Bundesverfassung, der monarchischen Verfassungen in Skandinavien oder Belgien und Holland und auch etwa der vielgeschmähten Verfassung der französischen Dritten Republik, in welch' allen Verfassungsänderungen zu den großen Seltenheiten gehören. Als Anpassungen der Verfassungsdynamik an die sich ändernden Sozialverhältnisse sind Verfassungsänderungen also schlechthin unvermeidlich. Aber jede von ihnen ist ein Eingriff, eine Operation, an einem lebendigen Organismus, und sie sollte nur mit größter Vorsicht und äußerster Sparsamkeit vorgenommen werden. Mag sich die Magie der Verfassungsgebung des 18. Jahrhunderts auch weitgehend verflüchtigt haben und mag die Mythologisierung der amerikanischen Verfassung eine rational nicht erzielbare Einmaligkeit darstellen, so sollte doch jede Verfassung für ihr Volk eine andere, eine höhere Geltung haben als die täglichen Produkte seiner Gesetzgebungsmühlen. Von dieser höheren Warte aus gesehen bedeutet jede Verfassungsänderung, mag sie an sich rein technischer Natur sein und die eigentlichen Volksinteressen überhaupt nicht berühren, eine Abminderung dessen, was man als das Verfassungsgefühl eines Volkes bezeichnen kann. Verfassungsänderungen, die nur aus opportunistischen Gründen zur Erleichterung des politischen Betriebes unternommen werden, werten das Verfassungsgefühl ab.

Mit dem Ausdruck „Verfassungsgefühl" wird eine der sozialpsychologisch und soziologisch am schwersten zu erfassenden Erscheinungen des politischen Existenzialimus berührt. Man kann es als jenes Gemeinschaftsbewußtsein umschreiben, das, alle augenblicklichen parteipolitischen, sozialwirtschaftlichen, religiösen oder sonstigen Gegensätze und Spannungen transzendierend, die Machtträger und Machtadressaten im Rahmen einer all-verbindlichen Gemeinschaftsordnung, eben der Verfassung, integriert und den politischen Prozeß den Gemeinschaftsinteressen unterordnet. Es gehört zu den Imponderabilien der nationalen Existenz und läßt sich nicht rational erzeugen, wenn es auch durch eine konsequent aufgebaute Jugendbildung gefördert werden kann, die allerdings anders vorgehen müßte als die papierne Bestimmung von Weimar (Artikel 148, Abs. 3, Satz 2), die jedem Schulentlassenen einen Abdruck der Verfassung in die Hand drücken wollte. Auch kann die zielbewußte, wenn auch unaufdringliche Handhabung des nationalen Symbolismus manches zur Stärkung des Verfassungsgefühls beitragen[97]). Ob das Verfassungsgefühl sich bildet oder nicht, hängt weitgehend von irrationalen Faktoren, von der Mentalität und dem historischen Erleben eines Volkes ab, insbesondere, ob die Verfassung sich auch in nationalen Notzeiten bewährt hat. Es kann auch nicht allein auf die Langlebigkeit einer Verfassung zurückgeführt werden, obwohl zweifellos die unveränderte Geltung der amerikanischen Unionsverfassung während bald zwei Jahrhunderten zu ihrer fast mystischen Symbolkraft beigetragen hat.

Verfassungsgefühl ist auch keineswegs mit Nationalbewußtsein gleichzusetzen. Es gibt Völker, bei denen dieses überaus stark, jenes aber nur schwächlich entwickelt ist. Die Schweizer beispielsweise sind durch ein sehr starkes demokratisches Nationalgefühl augezeichnet, dem aber keineswegs die Gefühlsbewertung ihrer Verfassung entspricht; denn sie nehmen keinen Anstand, die Verfassungsurkunde abzuändern, wenn es sich als notwendig erweist, wobei allerdings zu betonen ist, daß eine Urkunde ihnen nicht gleichgültig bleiben konnte, wenn sie sich durch das obligatorische Verfassungsreferendum innerhalb von fünfundachtzig Jahren mehr als hundert Male an der Urne mit ihr beschäftigen mußten. Andererseits besteht bei den Belgiern, die in mehr als einhundertunddreißig Jahren nur sechs Verfassungsänderungen vornahmen, ein sehr starkes Verfassungsgefühl, das sogar der Verfassungskrise um König Leopold III. (1950) standgehalten hat. Den Franzosen vollends, deren Nationalbewußtsein dem keines anderen Volkes nachsteht, ist die jeweils geltende Verfassung völlig gleichgültig. Das ist kein Wunder. Die Dritte Republik war nicht einmal von einer einheitlichen Verfassungsurkunde zusammengehalten, sondern be-

---

[97]) Zu diesem von der Staatssoziologie ungebührlich vernachlässigten Thema siehe Karl Loewenstein, Betrachtungen über politischen Symbolismus, Festgabe für Rudolf Laun, Hamburg, 1953, S. 559 ff.

saß nur ein Bündel notdürftiger und ohne nationalen Konsensus zustandegekommener einzelner Verfassungsgesetze. Die Vierte Republik litt an dem gleichen Mangel nationaler Übereinstimmung, die jedes Einleben in sie ausschloß, und daß die Verfassung der Fünften Republik, von de Gaulle für de Gaulle geschrieben und von der Nation nur wegen de Gaulles angenommen, ihren Schöpfer lange überleben wird, wird von den Wenigsten angenommen. Angesichts der ewigen Spaltung der französischen Seele — *les deux France* —, die man wohl als ein quasi-biologisches Faktum hinnehmen muß, hat sich bei ihnen niemals auch nur der Umriß eines echten Verfassungsgefühls gezeigt.

Es wäre unfair, in diesem Zusammenhang Reflexionen über das Bonner Grundgesetz anzustellen, das kaum mehr als ein Jahrzehnt alt ist; aber es muß doch vermerkt werden, daß es innerhalb dieser kurzen Geltungsdauer nicht weniger als an die dreißig Textänderungen unterzogen wurde[98]). Daraus den Schluß zu ziehen, es sei unvorsichtig oder vielmehr übervorsichtig abgefaßt worden, weil zu viele rein technische Dinge in es hineingeschrieben wurden, mag ungerechtfertigt erscheinen. Was aber dem außenstehenden Beobachter dabei auffallen mußte, ist, daß keine dieser Änderun-

---

[98]) Die Zusammenstellung auf S. 1 der Beckh'schen Taschenausgabe des Grundgesetzes, 26. Auflage, München und Berlin 1960, führt insgesamt zehn Gesetze auf, die einzelne Verfassungsnormen aufhoben, veränderten oder neue hinzufügten; sie belaufen sich auf dreißig Verfassungstextänderungen. Etwa die Hälfte davon war im Zuge der Übernahme des Wehrwesens durch den Bund im Gesetz vom 19. März 1956 vorgenommen worden. Aber darüber hinaus haben sich wesentliche Bestandteile des Grundgesetzes als verbesserungsbedürftig erwiesen, wie die Zuständigkeitsregelung für die Kernenergie (Artikel 74, Nr. 11 a), die Neuaufteilung der Steuerquellen zwischen Bund und Ländern (Artikel 106), der Finanzausgleich (Artikel 107), die Durchführung des Lastenausgleichs (Artikel 120 a). Mußten alle diese Dinge wirklich verfassungskräftig gemacht werden, wenn das wünschenswerte föderative Regulativ ohnehin in der Mitwirkung des Bundesrats gegeben ist? Es findet sich aber auch die rechtsstaatlich nicht unbedenkliche Aufhebung oder Verkürzung gewisser öffentlich-rechtlicher Verbindlichkeiten (Artikel 135 a) und die rechtsstaatlich unvertretbare Verstümmelung der Prüfungszuständigkeit des Bundesverfassungsgerichts hinsichtlich bestimmter völkerrechtlicher Verträge (Artikel 142 a), eine unverfälschte *loi d'occasion*, die dann in der Fundamentalbestimmung über die Verfassungsänderung in Artikel 79 verallgemeinert wurde, wobei zu allem Überfluß unterlassen wurde, die Ausnahme von der allgemeinen Prüfungszuständigkeit in Artikel 93 textlich zu verlautbaren, wie es Artikel 79, Abs. 1, Satz 1 zwingend vorschreibt; siehe oben Anmerkung 79.

gen, wenn man von den die Aufrüstung betreffenden Grundsatz-
fragen absieht, in der breiten Öffentlichkeit auch nur das geringste
Interesse erweckt hat. Es muß daraus geschlossen werden, daß das
Grundgesetz als die oberste Ordnung der Gemeinschaft der Masse
der Machtadressaten völlig fremd geblieben ist, daß es aber auch
bei den verantwortlichen Machtträgern, Regierung und Parlament,
nicht jenes Prestige genießt, das einer auf Dauer berechneten
Grundordnung zukommen sollte[99]). Der in der Rechtsvergleichung
geschulte Betrachter kann sich des Eindrucks nicht erwehren, daß
die Bundesregierung und die von ihrer Mehrheitspartei beherrschten Gesetzgebungskörperschaften die Verfassung ihren politischen
Interessen anpassen, statt diese von der Verfassung zügeln zu
lassen.

Diese empirischen Beobachtungen führen aber zu einer allgemeinen und tief beunruhigenden Feststellung: In unserer Zeit hat das
Volk — und dies gilt von der breiten Masse ebenso wie von der
Mehrheit der Intellektuellen — kein persönliches Verhältnis mehr
zu seiner Verfassung[100]). Die Verfassung besagt nichts über das,
was den Mann auf der Straße am nächsten angeht, das tägliche
Brot, Arbeit, die Familie, die Erholung, die Stellung und Behaup-

---

[99]) Ein eklatantes Beispiel für den Grad, den die Verfassungs-Indifferenz
der Machtträger der Bundesrepublik erreicht hat, ist der im Jahre 1960 vom
Bundeskanzler unternommene Versuch, unter offener Mißachtung des in Artikel 73 erschöpfend aufgestellten Katalogs der Bundeszuständigkeiten und
der in Artikel 30 niedergelegten Zuständigkeitsvermutung für die Länder
dem Bund das Rundfunkwesen (hier das Fernsehen betreffend) in die Hände
zu spielen, indem der Bundeskanzler, unter Mittäterschaft des Bundesjustiz-
ministers, der schließlich *ex officio* über die Einhaltung der Verfassung
zu wachen hat, eine von ihm allein kontrollierte Fernsehgesellschaft m.b.H.
errichtete (nicht etwa nur zu errichten beabsichtigte!), die nach weit ver-
breiteter Meinung als Propagandamedium der Staatspartei in den kommenden
Wahlen dienen sollte. Das Verfahren wurde eingeschlagen, weil der Weg
einer echten Verfassungsänderung nach dem Modell der Zuweisung des Wehrwesens und der Kernenergie an den Bund politisch aussichtslos erschien. Dieser
zynischen Verfassungsumgehung wurde dann durch das Bundesverfassungsgericht die gebührende Quittung erteilt; siehe die Entscheidungen 2 BvG 4/60
vom 17. Dezember 1960 (einstweilige Anordnung) und 2 BvG 1/60 vom
28. Februar 1961 (Endurteil) (letzteres abgedruckt Juristenzeitung 1961,
S. 217 ff.).
Zur Frage der Verfassungsgeltung unter Bonn siehe auch Adolf Arndt,
Das nicht erfüllte Grundgesetz, Tübingen 1960 und allgemein zum Problem
der Verfassungsgeltung Konrad Hesse, Die normative Kraft der Verfassung,
Tübingen 1959.
[100]) Siehe Karl Loewenstein, Verfassungsrecht und Verfassungsrealität,
Archiv des öffentlichen Rechts, Bd. 77 (1951/52), S. 42 ff.

tung des Einzelnen in einer immer komplizierter gewordenen Gesellschaft. Für die Masse der Bürger ist die Verfassung nicht mehr als eine Apparatur, mit welcher sich der Machtkampf zwischen Parteien und Pluralkräften vollzieht, und sie sind dabei nur die passiven Zuschauer. Zwar ist vorgeblich die Verfassung durch das allgemeine Wahlrecht dem Volk entsprungen, in Wirklichkeit aber ist sie das Erzeugnis der Berufspolitiker und politischen Manager und ihr Betrieb ist zum Tummelplatz der Interessenten und zum Spielball der Verfassungsspezialisten geworden. Entleert ihres demokratischen Telos ist die Verfassung vielerorts dem Volk völlig entfremdet. Daran können auch die wohlgemeinten Versuche, die Regeln einer bloßen Betriebsmechanik dadurch dem Volk nahe zu bringen, daß man sie in eine volkstümliche Sprache einkleidet — soweit dies der Natur der Sache nach überhaupt erfolgreich sein könnte —, nichts ändern.

Die große Vertrauensfrage

Angesichts dieser vielerorts zu beobachtenden Entfremdung des Volkes von der Verfassung, die nur mehr nominell die seinige ist, gewinnt die Frage: Wem soll der *pouvoir constituant* in allen seinen Erscheinungsformen, also nicht nur die Verfassungsschöpfung selbst, sondern auch die Verfassungsänderung im einzelnen, zustehen? eine neue Bedeutung. Das früher auf Grund der demokratischen Theorie aufgestellte Postulat[101] einer möglichst breiten Basis, die neben Regierung und Parlament auch die Wählerschaft einschließt, hat offenbar der zeitgenössischen Staatswirklichkeit nicht voll standgehalten. Der Zug der Zeit scheint in der entgegengesetzten Richtung zu verlaufen. Zwar erfreut sich, nach wechselnden Schicksalen, das Plebiszit über Souveränitätsfragen, vor allem bei Gebietsveränderungen[102], wieder einer erstaunlichen und sich steigernden Beliebtheit, aber die Teilnahme des Volkes am *pouvoir constituant* beschränkt sich mehr und mehr auf die Annahme einer neuen Verfassung, wo sie als Stempel erhöhter Legitimität gilt. Von der Einschaltung des als Wählerschaft organisierten Volks in das Verfahren der eigentlichen

---

[101] Siehe oben S. 23 f.

[102] Über den in der Alltagssprache oft verwischten Unterschied zwischen dem Gesetzesreferendum und dem Plebiszit siehe Loewenstein II, S. 27 ff.

Verfassungsänderung, die sich in der erzdemokratischen Welle nach dem ersten Weltkrieg immerhin einer wenn auch bescheidenen Beliebtheit erfreut hatte, ist man heute weitgehend abgekommen[103]. Das Bonner Grundgesetz, dem bereits eine gewisse internationale Wirkung auf die Verfassungsgestaltung anderer Länder beikommt, folgt hier der allgemeinen Tendenz. Es hat sich von der unmittelbaren Volksteilnahme in einem Maße abgekehrt, daß man tatsächlich von einem Mißtrauen gegenüber dem Volk, wenn nicht von einer Volksfeindlichkeit sprechen kann. Es räumt zwar großmütig ein, daß das Volk seine ursprüngliche Staatsgewalt, neben den Wahlen, auch durch Abstimmungen betätigen kann (Artikel 20, Abs. 2), läßt diese aber nur bei internen Gebietsveränderungen (Artikel 29 und 118) zu, wo es schlechterdings nicht zu umgehen war, und schließt dagegen das Volk bei der weit wichtigeren Verfassungsgesetzgebung völlig aus, ganz zu schweigen von einer, wenn auch nur fakultativen Teilnahme am ordentlichen Gesetzgebungsverfahren. Das gleiche Mißtrauen bekundet sich in dem von den Wahlgesetzen vollzogenen Ausschluß der Nachwahlen, die als „kleine" Parlamentsauflösungen in vielen demokratischen Ländern als ein unentbehrliches Barometer der Wählerströmungen gelten. Zu dieser Abneigung gegen die unmittelbare Volksbeteiligung am politischen Prozeß mögen wohl die vorgeblich ungünstigen Erfahrungen mit der Einrichtung unter Weimar beigetragen haben[104]. Die Länder dagegen halten an der Weimarer Tradition der unmittelbaren Volksbeteiligung an der Verfassungs-

---

[103] Siehe oben S. 33. Eine bemerkenswerte Ausnahme macht die italienische Verfassung von 1948, die sowohl für gewöhnliche Gesetze das Volksbegehren (Artikel 71, Abs. 2) und die Volksabstimmung (Artikel 75) eingeführt hat als auch das fakultative Verfassungsreferendum (nicht aber eine Revisionsinitiative) kennt (Artikel 128, Abs. 2 und 3). Die Einrichtungen waren allerdings angesichts der ausgewogenen Parteiverhältnisse bisher ohne praktische Bedeutung; siehe Leisner, a.a.O. S. 285 ff.

[104] Von einer blutjungen Demokratie, die ihre ersten Gehversuche macht, konnte man füglich nicht erwarten, daß sie eine ihr völlig fremde Institution mit Maß und Vernunft handhaben würde. Von den sieben Fällen, in denen ein Volksbegehren in Gang gesetzt wurde (siehe Anschütz, a.a.O. S. 390 ff.) waren sicherlich mehrere von Interessengruppen aufgezogen und sie gedienen verdientermaßen nicht bis zur Abstimmung. Aber zumindest die beabsichtigte Enteignung der früheren Fürstenhäuser (Abstimmung vom 20. Juni 1926) hatte einen durchaus berechtigten Kern und auch über die kommunistisch angelassene Initiative über den Panzerkreuzer A (1928) würde man heute in der Bundesrepublik nach den Erfahrungen mit der durchaus unpopulären Aufrüstung vielleicht anders denken.

gesetzgebung vielfach fest[105]), machen aber von der Einrichtung der Verfassungsänderung selbst einen auffallend geringen Gebrauch.

Hier sieht sich der in der Rechtsvergleichung bewanderte politische Wissenschaftler einem wahren Dilemma gegenüber gestellt: Wem soll er mehr trauen — oder auch weniger mißtrauen —, dem Volk, das als Wählerschaft handelt und von den politischen Parteien mobilisiert, informiert oder auch indoktriniert ist, oder dem Parlament, dessen Mitglieder der Direktive und dem Diktat der Parteioligarchien unterstellt sind? Die Situation ist mit dem bekannten Gegensatz von plebiszitärer und parlamentarischer Demokratie nicht völlig zutreffend umschrieben; denn die Repräsentanten haben ja längst aufgehört, die frei entscheidende, die ganze Nation vertretende und nur ihrem Gewissen verantwortliche Elite zu sein; sie sind weit mehr partei- und interessentengebunden als der einzelne Wähler. Während der eiserne Griff der Parteihierarchien auf die Parlamentsvertreter angesichts des Fraktionszwangs und der Parteisolidarität nicht zu lockern ist, ist die Beeinflussung des Wählerverhaltens durch die Parteiparolen erfahrungsgemäß sehr viel schwächer und keineswegs immer entscheidend. Die Populartheologie von der *vox populi vox dei* mag verschwommene Mystik und sogar totalitäre Propagandistik sein, aber die größte Gefahr für die rechtsstaatliche Ordnung eines Staates geht nicht vom Volk aus, sondern liegt in der Hybris eingegrabener Parlamentsmehrheiten und ihrer parteibeflissenen Drahtzieher, wenn deren Entscheidung endgültig ist. Die Wahl fällt schwer. Sie sieht sich, wie so oft in der Politik, einer Rechnung gegenübergestellt, die nicht glatt aufgeht. Dem Vortragenden jedenfalls, der mehr als ein Vierteljahrhundert in einer lebendigen Demokratie gelebt hat, ist die — zugegebenermaßen keineswegs unfehlbare — *vox populi* sympathischer als die authentische Interpretation des göttlichen Willens durch einen allmächtigen Regierungschef und seine Parteihäuptlinge.

---

[105] Beispielsweise Bayern, Artikel 75, Abs. 2, Satz 2; Hessen, Artikel 113; Rheinland-Pfalz, Artikel 129. Das Bundesverfassungsgericht erklärte die Gesetze von Hamburg und Bremen betreffend die Volksabstimmung über Atomwaffen als die Länderzuständigkeit überschreitend wohl mit Recht für ungültig (Entscheidungen Bd. 8, S. 105 ff.), während man über den Bannstrahl gegen bloß deklaratorische Gemeindeabstimmungen über die gleiche Frage in Hessen (ebenda, Bd. 8, S. 121) wohl streiten mag.

Bei der Verfassungsänderung sollte also grundsätzlich mit der größten Vorsicht und Zurückhaltung umgegangen werden. Soll sie sich für den ungestörten Ablauf des politischen Prozesses als unumgänglich erweisen, so sollte für sie der größtmögliche Konsensus gesucht und gefunden werden, der sich keinesfalls immer mit den verfassungsmäßigen Parlamentsmehrheiten zu decken oder in ihnen zu erschöpfen braucht. Eine einer nach Zahl und politischem Gewicht erheblichen Minderheit abgenötigte oder aufgezwungene Verfassungsänderung tut dem Verfassungsgefühl nicht nur dieser Minderheit Abbruch. Dies zu verhindern ist die konstruktive Aufgabe der verantwortungsbewußten Minderheit. Noch ist keine Staatsgesellschaft an einer unvollkommenen, verbesserungsbedürftigen Verfassung zugrunde gegangen, viele Regime aber sind an einer Überspannung der Macht der Mehrheitspartei oder -parteien gescheitert. Es läßt sich leichter mit einer lückenhaften Verfassung leben als mit einer, die zum Spielball der Parteiwillkür geworden ist. Und schließlich: Jede Volksbeteiligung an der Verfassungsänderung, wie technisch sie auch geartet sein mag, ist ein lebendiger Beitrag zur politischen Erziehung und ein Element der politischen Integration. Eine Nation wird nur dann demokratisch leben, wenn man es ihr auch ermöglicht, sich demokratisch zu benehmen.